影响历史进程的
战争与武器

WEAPONS of WAR

[英] 阿普里尔·马登 编著
张建威 译

中国画报出版社·北京

图书在版编目（CIP）数据

影响历史进程的战争与武器 / (英) 阿普里尔·马登编著；张建威译. -- 北京：中国画报出版社, 2022.1（2024.1重印）
书名原文：ALL ABOUT HISTORY: War and weapons
ISBN 978-7-5146-2086-3

Ⅰ.①影… Ⅱ.①阿…②张… Ⅲ.①武器 – 军事史 – 世界 – 通俗读物 Ⅳ.①E92-091

中国版本图书馆CIP数据核字(2021)第273895号

Articles in this issue are translated or reproduced from History of War: Weapons of War, First Edition and are the copyright of or licensed to Future Publishing Limited, a Future plc group company, UK 2018. Used under licence. All rights reserved.

FUTURE

北京市版权登记局著作权合同登记号：01-2021-0888

影响历史进程的战争与武器

[英] 阿普里尔·马登 编著　张建威 译

出 版 人：于九涛
责任编辑：石曼琳
助理编辑：郭小轩
责任印制：焦　洋
营销编辑：孙小雨

出版发行：中国画报出版社
地　　址：中国北京市海淀区车公庄西路33号　邮编：100048
发 行 部：010-88417418　010-68414683（传真）
总编室兼传真：010-88417359　版权部：010-88417359

开　本：16开（787mm × 1092mm）
印　张：12.25
字　数：280千字
版　次：2022年3月第1版　2024年1月第5次印刷
印　刷：北京汇瑞嘉合文化发展有限公司
书　号：ISBN 978-7-5146-2086-3
定　价：68.00元

影响历史进程的
战争与武器

  武器的发展与兵戎相见密不可分，进而塑造了人类战争的历史。在本书中，你会发现旧石器时代的人类，如何用简陋的狩猎工具打造出第一批真正的武器；你将置身从古至今一系列混战、激战中，透过云谲波诡的战略和战术，来追踪近战、远程作战、移动作战和防御作战的演进，透视黑火药的创新如何永远改变了人类冲突的范式；你将有机会从埃及战车手、罗马军团、蒙古弓箭手、英国骑士、西班牙方阵勇士、美国潜艇兵、德国空军王牌等的视角，来观摩战斗，探索让他们在各自战场上保持优势地位的战术和武器；你会目击历史上千奇百怪、令人惊诧、极具毁灭性的武器和与之相呼应的军事部署，从波斯战争到堑壕战，不一而足。而今天无数的军事技术发明，都是从几千年前的某一天，有人扔出一块粗糙的带尖石头开始的……

目录

- 6 　猎人、英雄与战斗

古代
- 20 　古代兵器与战争
- 34 　卡迭石战役
- 46 　罗马战争机器
- 58 　战争的象征：城堡

中世纪
- 64 　中世纪的战争
- 78 　阿金库尔战役
- 92 　迦勒迦河之战

战争的象征：城堡
58 用来保护和防御的城堡，几个世纪以来发生了怎样的变化？

近现代

106 战争工具的演变

121 罗克鲁瓦战役

133 纳西比战役

136 战争的象征：马刀

138 战争的象征：铁骑军盔甲

现代和当代

142 工业化时代的战争

157 康布雷战役

169 20个大战利器

猎人、英雄与战斗

从石器时代的攻击工具到今日的先进技术，
让我们把武器的故事娓娓道来

爱德华多·阿尔伯特 / 文

人类在这个星球上繁衍生息的大部分时间里，不同的文化背景滋生出了迥异的作战方法及相伴而生的军事技术。由于地理、地形和距离的原因，彼此之间的影响和交流受到了限制。因此，南美洲部落的人手持致命吹管在热带雨林环境中的作战方式，与罗马军团的截然不同。虽然形形色色的军事文化都独树一帜，但地理和文化上的关联催生出了日本、中美洲、东南亚、印度、欧洲、中东以及中国等诸多不同的军事区。一旦骑手加复合弓的文化和技术得到完善，中亚草原也会变成另外一个独具特色的军事区。不过，只要各地仍然被重重关山阻隔，人们就会继续以自己独特的风格和独有的武器奔赴戎机。然而，当欧洲列强在16世纪打造出装配火炮的远洋帆船时，他们却凭借这种高效的暴力，把自己的战争风格和方法强加于全球其他地区。他们的海军和陆军，在与世界其他军事文化和技术的较量中所向披靡。战争也由此变成了你死我活的较量。面对人员阵亡和土地沦丧，世界其他民族和文化，纷纷以不同速度、不同程度采用了欧洲的战争方式。在21世纪，战争已经成为一种真正的跨文化活动，其方法和技术从无人机到简易爆炸装置（IED）不一而足，正在以现代通信和互联网（最初设计用于军事用途）所允许的速度进行着调整和应用。除此之外，很难说未来会给我们带来些什么，但有一点是明确的，即战争只会发生烈度上的改变，却永远不会终结。它和人类一样古老，尽管某一天或许人类将走到尽头。我们要讲述的，就是人类历史上，那些关于战争的点点滴滴。

> **关键节点**
> **剑**
> **公元前1200年**
> 虽然早在公元前2500年，青铜镰状剑就已存在，但剑的制造，必须有完善的冶炼技术作为前提。它开创了战争专用工具的先河，除了杀人之外没有其他功用，而在这方面，它堪称屠杀利器。罗马短剑（gladius）剑锋大约只有2英尺①长，几个世纪以来一直是罗马军团的标配。在罗马统治古代世界的征途上，它们一路过关斩将，立下了赫赫战功。

武器演变史

● **燧石斧**
当把手柄绑到先前手持的燧石斧头上时，手柄所发挥的额外杠杆作用，使本就锋利的燧石斧变成了真正可怕的武器。
史前

● **弓**
弓是一种伟大的狩猎武器。复合式弯曲设计使其成为一种毁灭性工具，尤其是对于中亚的迁徙部落而言更是如此，它直接助推了成吉思汗的征服战争。
史前

● **战车**
作为首个移动战斗平台，战车对古代世界的颠覆性影响，与坦克对现代世界的左右如出一辙。中亚地区研制的轻型两轮战车，搭载一名驾驶员和一名弓箭手，能迅速穿越战场，将兵力精准部署到敌阵薄弱部位。
约公元前2000年

● **长弓**
从英格兰"玛丽玫瑰号"沉船上打捞出水的长弓约6到7英尺长，张弓需要150磅②的拉力，而现代长弓的拉力只是其三分之一。用好长弓需要持之以恒地进行训练。在这些训练有素的弓箭手手中，长弓成为中世纪最具毁灭性的远程武器。
中世纪

● **骑士**
马镫、不断被改良的盔甲、专饲的战马以及相伴相生的军事文化，让骑士们在中世纪战场上闪亮登场。当时的他们就像现在的坦克一样极具杀伤力。
中世纪

---

① 1英尺约等于30.48厘米。
② 1磅约等于0.45千克。

关键节点
战舰
1571—1862年

安装在远洋帆船上的火炮，使欧洲列强能够在全球范围内投射海军力量，从而建立起海洋帝国。由于文化和地理的差异，之前各地区战舰的区别泾渭分明，从多帆单桅小船、快速帆船到风帆战列舰，林林总总，各有千秋。后来，欧洲的作战方式及其使用的武器逐渐对其他国家产生了影响，原因很简单——他们的武器比世界上任何其他武器都更具杀伤力。

关键节点
飞机
1903年至今

1903年，莱特兄弟夙愿得偿，实现了飞行梦想，但仅仅10年之后，这个梦想就被纳入了战争。随着第一次世界大战全面展开，飞机设计得到了突飞猛进的发展，到战争结束时，离散杆式战斗机和轰炸机已经出现。在20世纪的众多冲突中，空中优势在战争中的重要性日益凸显。在不列颠之战中，德国空军未能打垮英国皇家空军，使得英国幸免于德国的入侵。21世纪，遥控无人机在侦察和拦截方面发挥着越来越大的作用，而在未来战争中，这些作用只会强化不会削弱。

● 早期火炮
1453年，奥斯曼帝国用欧洲武器铸造师乌尔班（Urban）制造的巨炮摧毁了君士坦丁堡城墙，为拜占庭帝国敲响了丧钟。城堡的黄金时代随之结束。
14—15世纪

● 轻型野战炮
早期火炮异常笨重。但是，随着火炮铸造技术的改进，加之人们开始使用马队牵引炮车，使得野战火炮有了用武之地，成为拿破仑战争及以后战争中的一大利器。
18世纪至今

● 燧发枪
早期滑膛枪射速慢，不易装弹和击发。后来由马汉（Marin le Bourgeoys）为法国路易十三世开发的燧发装置，两个多世纪以来成为滑膛枪的标准燧发机，促使毁灭性的滑膛枪齐射成为步兵的标准战术。
17世纪初—19世纪中期

● 坦克
坦克被研发的初衷是为了打破第一次世界大战的僵局。随后坦克在第二次世界大战中发挥了关键作用，导致德意志国防军利用闪电战术征服了欧洲大部分地区。
1916年至今

·7·

从石斧到铁剑

从利用工具到专门设计屠杀武器,其间,人类走过了漫漫长路。
人类历史讲述的就是一个生杀予夺的故事

第一批战争武器,脱胎于用来杀死不同猎物的狩猎工具——木棒、大火烧尖的棍子,甚至还有坚硬的、能击碎头骨的岩石。在此过程中,离不开两项重要的突破。首先,随着燧石破碎技术的日臻完善,熟练的工具制造者们能够将大块的燧石破碎成更锋利、更致命的工具,最终出现了旧石器时代俯拾皆是的手斧。后来人们发现,将斧头固定在手柄上,利用杠杆原理可以产生更大的作用力,同时还能让挥舞斧头的人与袭击对象之间保持一定的防御距离。就这样,第一件真正的武器应运而生。当然,斧头仍然有其他用途,如弓和箭这样的早期武器也大抵如此。弓可以追溯到公元前2万年,而目前被发现的最早的弓箭手形象则出现在伊比利亚半岛上的洞穴画像中。这些画像描绘了人类最古老的战斗场景(洞穴壁画的时间很难确定,大约在9000—5000年前之间)。壁画中参战的弓箭手成群结队,间或能看到战败者逃跑的身形。在澳大利亚,长矛、飞斧和狩猎用的回力镖(往往一去不复返)算是远程武器的例子,但在16世纪以后火器被广泛采用之前,弓与箭仍然是不可或缺的远程武器。因此,2000年来,弓始终是一种具有军事用途的独门

▲ 燧石被凿成斧头、矛头和箭头,是已知的、人类手工制作的第一批武器之一

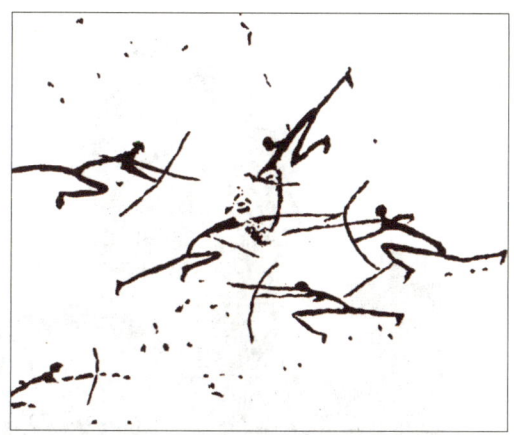
▲ 西班牙莫雷拉城的这幅洞穴岩画，是最早描绘战争场景的岩画之一，有5000—9000年的历史

马背人生

狗是人类狩猎时的搭档，而马则是人类战斗时的伙伴。人类最初捕猎马匹是为了食其肉，每逢这时狗都与人类相依相伴。不过，猎人们发现，马匹似乎更有触动人心的脉脉温情——它们比其他动物更经常出现在旧石器时代的洞穴岩画中。在今天的乌克兰、俄罗斯西南部和哈萨克斯坦西部的广阔草原上，人们最初将马匹放牧，用来做肉食来源。马更适合草原上极其严酷的冬天。和牛羊比较而言，马更能用蹄子踏破冰雪，觅食冬季的枯草。但是后来，可能出于恶作剧，一个孩子跳起来，坐到了马背上。对于这个孩子和四周围观的人来说，世界由此发生了改变。在哈萨克斯坦发现的公元前3500年的马匹的牙齿磨损情况表明，该马曾经咬过皮嚼子——这说明当时的人们已经开始骑马。骑马带来的机动性改变了草原文化。一旦定居文明在大草原边缘发展起来，这种文明所特有的丰富而又静态的劳动果实，便成为来自中亚的游牧者和马背上的侵略者逐波奔袭的目标。

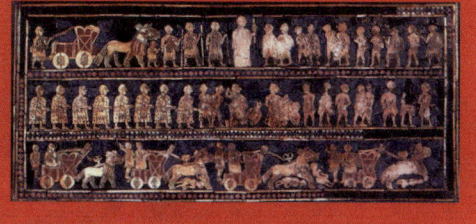

利器，它也是人类历史上使用时间最长的武器。

当弓与战车结合形成新的运动战法时，这种快速移动的远程打击力量，便为世界上第一批帝国奠定了坚实的军事基础。战车由四轮马车发展而来，而马车本身的出现则得益于两项重要的发展，即马匹的驯化和车轮的发明。战车在近东战场上驰骋称霸了上千年，直到被骑兵和改进的步兵战术所取代。希腊人是步兵阵形的开山鼻祖。他们将配备长矛和盾牌的重装步兵编成方阵，打败了波斯帝国，确保了希腊城邦的存续。希腊人全民皆兵，其中许多人是农民出身。在希腊城邦之间连绵的战争中，各方都深知军队不可能长期深陷战乱，于是希腊的军事文化便衍生出了对阵战的理念——赢者"通吃"，包括输家的生命、或者至少是人身自由，全都归由胜者发落。这种理念是希腊人独特的创新，与当时其他文化中甚嚣尘上的苟且之风——尽管，为了以后能继续战斗而偷生当下并没有错——迥然不同。但早期的希腊士兵等不到下一场战斗，他们需要结束战争。其他文化也有自己判断胜负的标准，美洲印第安人不求毙敌、只求击敌次数的做法就是一个例子。然而，希腊的战争理念和标准很快及整个欧洲和近东，特别是在亚历山大的征服战争之后，从16世纪起，随着欧洲的扩张逐步传播到世界各地。

虽然希腊重装步兵是第一支真正所向披靡的部队，但完善了步兵战略战术的，却是古代罗马军团。罗马帝国拥有当时规模最大的军团。罗马军团是专业训练和后勤保障的产物，大规模生产的铁制武器，尤其是战剑，在其中发挥了不可或缺的作用。

战剑是最早的纯粹的武器，除了杀人之外没有其他功能。然而，铸剑会面临独特的冶金困难，这意味着只有在提炼和锻造铁矿石所需的技术完善之后，剑才能成为真正有效的武器。一把

▲ 这幅塞浦路斯的罗马镶嵌画，描绘了两名角斗士使用战剑和盾牌进行决斗的场景

好用的剑必须既有韧性，又有刚性，这样才能不致在战斗中折断，同时又能保持锋利。实际上，铁的韧性有余，但刚性不足。一把纯铁打制的剑在战斗中不会折断，但经过数次搏击之后，剑锋就会钝化，变成一根尖细的铁棍。而将铁和碳合二为一的钢坚硬无比，但缺点是易碎。上好的钢打制的剑锋可以磨得极其锐利，却不堪一击。对此，制剑者的解决方案是将钢边焊接到铁体上，从而制造出了一种真正具有毁灭性的杀伤性武器。罗马人曾为他们的军团生产了大量战剑，罗马沦陷后，剑的锻造技术继续得以发展，最终，在盎格鲁—撒克逊人和维京人的手中达到了登峰造极的程度。他们的铁匠制造出了花纹焊接刀剑，质量上乘。

罗马军团的战剑本是一种较为普通的杀戮工具，但辅之以盾牌、标枪以及罗马军团的战术和后勤保障，便形成了数个世纪以来无坚不摧的组合，缔造并维持了古代势力最大、存续时间最久的帝国，也是历史上唯一控制过全部地中海沿岸的帝国。

骑兵

骑兵改变了战争的面貌,缔造了历史上最大的陆地帝国

如果说在古代步兵为王,那么从罗马沦陷到君士坦丁堡陷落的1000年间就是骑兵时代。马镫的发明和应用,可以让用剑或长矛猛烈攻击敌人的骑手稳坐在马背上,再加上骑兵坐骑的培育和饲养,使得这段时期运动战盛行,其间穿插着旷日持久的围攻。这一时期,人们的防御能力取得了长足的进展。城堡和类似的防御工事,几乎成为坚不可摧的要塞和权力中心,令左城右隅望而生畏。

虽然穿戴盔甲的骑士是中世纪的标志性形象,但这一时期的骑兵却以不同面目示人。在查理曼(Charlemagne)大帝的统治下,他的庞大帝国需要一支机动打击力量,于是欧洲骑士独霸天下。随后,法兰克人和他们的部分领土受让者、诺曼人进一步将其发扬光大,形成了全副武装、身披铠甲的传奇骑士,在中世纪势不可当,所向无敌。然而,在这一时期,也有其他战斗力极强的骑兵,尤其是成吉思汗的铁骑大军。13世纪,中亚的游牧部落横空出世,东突西进,所向披靡,横扫遭遇到的一切军队。在这一系列非比寻常的战役中,蒙古骑兵及其战马起到了至关重要的作用。是的,战马。每个骑兵都拥有多达8匹战马。因此,这些骑兵部队取胜的首要条件,就是培育和饲养大量蒙古马——一种体形相对较小,但坚韧强健的马匹。骑手们使用包含短弓和长弓的复合反曲弓,骑马时携带短

▲ 骑士们将毕生都奉献给了对战争的研究和实践,而比赛则有助于他们养成和练习生存所需的技能

▲ 在中世纪，成吉思汗的骑兵是世界上最强大的军队之一

弓，用于远程小规模作战，步行时则携带长弓。由于上马时能快速射箭，下马时能迅速转用长弓发射箭雨，使得蒙古骑兵成为那个时代最有战斗力的铁骑。

然而，道高一尺、魔高一丈，在武器史上，任何一件成功的武器总会遭到针锋相对的反击。冲锋骑士对步兵防线造成的冲击是毁灭性的。如何破解？要么通过远距离发射箭雨，要么近距离用长矛和戟筑起一道无法穿透的尖刺做屏障，千方百计阻止他们冲入阵中。作为一种对抗骑兵的远程武器，弩非常强劲且不需要多少训练，但它的射速太慢，无法抵抗大规模的冲锋。

长弓几乎可以和弩相提并论。训练有素的弓箭手一分钟内可以瞄准射出6支箭，也可以在瞄不准的情况下射出12支，但要熟练使用长弓，需要花费数年的时间来锻炼肌肉和习得技能。骑士部队对弓箭手深恶痛绝，在战斗中对他们绝不心慈手软。骑士认为，一个出身卑微的弓箭手居然可以射倒一名全副武装的马背贵族，这简直就是犯上作乱。

这一时期，军事建筑的修建达到了顶峰，建造了位于叙利亚的骑士堡的、爱德华一世的工程师、圣乔治的詹姆斯大师为巩固国王对公国的统治而在威尔士建造了一系列"石环"（ring of stone）城堡。诸如骑士堡、卡纳芬城堡（Caernarfon）和康威城堡（Conwy）这般设计堪称固若金汤。守城者可以居高临下发射箭雨或投下任何东西，来击退企图攻破城墙或城门的蒙古骑兵成为那个时代最有战斗力的铁骑。

希腊火药

大约在672年，一个名叫卡拉尼库斯（Kallanicus）的希腊人创造了一种后来被人们称为"希腊火"的物质。它可能是由石油基液体与硝石和生石灰混合制成，确切的配方是拜占庭帝国的国家机密，现已失传。有了它，人们便能将燃烧的液体喷向敌军，尤其是敌船。黏性极强的希腊火一旦点燃，用水是无法扑灭的。希腊火是拜占庭海军的主战武器，人们将其做成黏土手榴弹，用燃烧的布料裹着通过弹射器射向敌船，或者用铜管（或称虹吸管）将液体火焰喷射出去。这对木船和桨帆船上半裸的水手来说不啻灭顶之灾。

▲ 这幅12世纪的图画描绘了一艘拜占庭战舰船头的虹吸管正在向敌船喷射希腊火

攻城者。尽管中世纪的工程师们确实研制出了令人印象深刻的投石机，可以向城墙投掷石头，而且如果地面条件允许，围攻的军队还可以大挖墙脚，但多数情况下，围城最终成功的原因都是守军饥饿或内部叛乱。

在世界的另一端，随着黑火药的发明，骑士和城堡时代却走向穷途末路。自公元1世纪以来，中国人一直在用不同的化合物进行试验，公元7世纪，他们发明了烟火。而到了公元8世纪，他们将硝石（磨碎的硝酸钾）、木炭和硫磺以15∶3∶2的比例混合在一起，制成了黑火药。但最初，这种黑火药并非用于枪支。

它先是被用作燃烧弹，后来被用作简陋的炸弹。当火药和油性碳氢化合物混合形成推进剂时，"火枪"便出现了。这些火枪，看起来像发射焰火，既没精度又不致命，但是通过密集的齐射，中国人发明出了一种屡试不爽的武器，它会形成烟雾屏障，使此前没有遭遇过这种武器的军队惊愕和恐慌。

这项技术一经发明，便迅速传播开来。据记载，13、14世纪的西班牙和意大利就已经有了火箭。当人们把黑火药从火箭中取出、放入一个管子时，便引发了一场战争和武器的革命。这场革命一直持续到今天。

从黑火药到核武器

火药的发明开创了一个技术变革的时代：
实验室里的角逐和战场上的搏斗等量齐观

中国人发明了黑火药，但是欧洲人却把它变成了火药，先将其装填进火炮，然后再放进"手枪"。事实上，1453年奥斯曼人炸毁君士坦丁堡城墙时所使用的，正是欧洲人乌尔班设计并铸造的巨炮。这座城市的陷落，结束了罗马帝国和高墙防御时代。君士坦丁堡的城墙即使可以抵挡住投石机的抛掷，却无法承受炮弹的高速撞击。起初，乌尔班为君士坦丁堡皇帝效力、制造枪炮，但当君士坦丁十一世支付不起乌尔班的薪酬时，他便前去投靠苏丹穆罕默德二世（Mehmed II），而穆罕默德二世对这位枪械大师的开价则是满口答应。虽然乌尔班提供了摧毁君士坦丁堡城墙的技术，但他并没有活到坐享胜利成果的那一天——乌尔班及其一班人因火炮爆炸而丧生——这在那个年代并不罕见。

随着攻城大炮的发展，到了14世纪末，也就是君士坦丁堡陷落前50年，巨炮已可以发射重达450磅的石质炮弹。铁炮弹因密度比石头大得多，因此对城墙等静态防御手段具有难以置信的破坏力。这时，城堡时代已成明日黄花。

到15世纪中期，手枪开始被投入使用。第一批手枪本质上只是一门较小的火炮，但随着火绳点火、簧轮机和燧发机的发展，以及枪托和枪柄的安装，手持式火枪成为步兵的制式武器。火

▲ 火药时代的冲突总是笼罩在战火硝烟和战争迷雾之中，1815年的滑铁卢战役便是如此

第一艘潜艇

1863年美国南北战争期间,由于北方海军的海上封锁,南方联军饥肠辘辘。为打破封锁,南军建造了一艘名为"亨利号"的潜艇。艇上有8名水兵,1人掌舵,7人用手转动螺旋桨,并负责把压载舱的水手动泵出。"亨利号"上装有一枚竿式鱼雷,即一根金属棒上绑着一管火药。当时设计者的想法是水兵可以将竿式鱼雷嵌入敌舰一侧,然后让"亨利号"倒退驶离该舰,拉紧系索,引爆火药桶中的点火装置。1864年2月17日,"亨利号"从西弗吉尼亚州查尔斯顿港起航,任务是击沉"豪萨托尼河号"。"亨利号"下潜入水,逼近"豪萨托尼河号"时被敌方水兵发现,于是步枪火力全开,但并未奏效。"亨利号"将竿式鱼雷嵌入了"豪萨托尼河号"的侧舷,调转艇头拉紧系索。当"亨利号"驶离50米开外时,火药管爆炸,撕开了"豪萨托尼河号",同时引爆了舰上的弹药仓。没过几分钟,"豪萨托尼河号"沉没,成为潜艇战的第一个牺牲品。然而,"亨利号"再也没有回到查尔斯顿港。可能是由于爆炸冲击波所致,"亨利号"连同艇上的全体水兵悉数葬身海底。

▲ 2000年8月8日,自1864年以来一直静卧海底的潜艇"亨利号"被打捞出水。水兵遗骸以最高军事礼仪被安葬在查尔斯顿

广岛和长崎上空升起的蘑菇云结束了全面战争时代。核大国之间的任何此类冲突都无异于自相残杀。

枪的精确射程很近,不足100码①,因此,需要步兵齐射,并反复操练射击、重新装填、再射击的过程,才能提高杀伤力。18世纪和19世纪部队编队整齐的战争模式,就是军队使用这种武器的直接结果,表明了武器和战术相互制约、相互促进的关系。从16世纪开始,欧洲海洋国家开始建造新型远洋帆船。一排排火炮被安装到船上,由此出现了各种各样的战舰,从单桅帆船到巨大的海上炮台不一而足,成为向全球海域投射武装力量的有力方式。这些帆船开启了地理大发现时代。当欧洲水手和海军横渡世界水域时,他们将欧洲的战争方式强加给所邂逅的各种文明。

---

① 1码约等于0.91米。

▲ 1945年8月9日，一颗相当于2.1万吨TNT当量的原子弹在长崎500米上空爆炸后升起的蘑菇云

▲ 洛克希德·马丁公司的F-35闪电II是第五代多用途战斗机

欧洲扩张时代之前存在的林林总总的军事文化，在快船或战舰侧舷的隆隆炮声和滚滚硝烟中统统被抛到了一边。即使是为了保留自己的军事文化而与世人背道而驰的日本，也于1854年同施行炮舰外交的美国海军上将佩里签署了《神奈川条约》，向美国打开贸易门户。日本人对新的战争方式学得很快。到19世纪末期，欧洲各国基本上已经把世界瓜分完毕。

20世纪见证了研发创新给欧洲带来的军事优势。这种优势在欧洲大陆上不断发酵，进而引发了人类历史上两次规模最大的冲突。受到工业化战争巨大需求的驱动，新武器和武器系统定义了20世纪的这两场大战。其中，最为重要的当属飞机和坦克，尽管就致死人数而言，日臻精准的炮手是最大的杀手，在第一次世界大战和第二次世界大战期间，火炮成为众多生命的"收割机"。

飞机和坦克成为20世纪的主战武器。步枪和大炮终结了骑兵称霸时代。陆上的坦克和空中的飞机，对陆战和海战进行了重塑。坦克凭借其机动火力，确保了第二次世界大战没有重演第一次世界大战的堑壕战，而有了能从庞大的海军航空母舰上起飞的飞机以后，海战的胜负受制于空中角逐或水下较量，而潜艇的发明开辟了一个全新的战区。此时的战争是全方位立体作战，空中、陆地、海上和水下，冲突无处不在。

然而，广岛和长崎上空升起的蘑菇云结束了全面战争时代。因为核大国之间的任何此类冲突都无异于自寻死路。21世纪见证了小规模冲突上的不断创新，从无人机到简易爆炸装置（IED），从网络战到恐怖分子驾驶卡车冲进人群，凡此种种，皆成为时代特征。网络时代复杂的多战区战争，与自杀式炸弹袭击，以及媒体战交织在一起，但战争依然是人类最具特色的活动。

无论武器将来如何变化，有一件事依旧非常确定——在未来的战争中，它们仍将大行其道。

古代

- 20 古代兵器与战争
- 34 卡迭石战役
- 46 罗马战争机器
- 58 战争的象征：城堡

20

28

34

46

58

如果定居点挡住了罗马军团的去路，攻城机器的威力便会被发挥出来。

古代兵器与战争

本·加祖尔 / 文

人类历史就是一部战争史。
古代世界兵器的演变之路就是文明发展的路线图

一直以来，人类都在创造工具进行自相戕害。甚至一次关于武器和战争工具的实验，便可轻易重建人类的历史。最早的武器是用木头和石头制造的，它存在的时间比现代人的历史更久远。尽管彼时的创造过程鲜为人知，但通过定居文明的兴起和文献考证，我们依旧可以窥见悠远的刀光剑影。

近身搏斗

早期兵器的全部威力，都取决于使用者的力量。随着文明的曙光乍现，人们才学会了更加有效利用自身力量的方法。在近战中，利刃是首选武器。随着冶金术的发展，匕首、剑和箭头均达到了新的制造水平。

金属兵器的第一个重大进展是青铜的开发。这种铜和锡的合金，可以用来制造劈砍兵器、尖利的矛和箭。虽说青铜技术在古代的传播并不均衡，但青铜技术流传到哪里，哪里的战争就会发生质的改变。后来，对青铜的需求拉动了整个古代世界贸易的增长，以及对青铜制造原料的争夺。只有随着高效冶铁技术的发明，青铜时代才画上了句号。

军事技术真正的转折点，是人们开始通过加碳提高铁的韧度来制造钢。与钢比较而言，青铜只能甘拜下风。钢制兵器可以做得非常繁复——有时，罗马战剑由两种不同碳含量的钢制成，人们将它们敲打到一起形成一把利刃。

除了刀砍剑刺，士兵们还可以使用其他近距离武器消灭敌人的有生力量。矛和斧，算是另辟蹊径。长矛可以在敌人近身之前将对方刺穿。马其顿的萨里沙长矛长6米，对步兵和马匹来讲都是一个巨大的、难以逾越的障碍。如果敌人身披盔甲，用剑对其发起进攻可能无济于事，然而，一把抡圆了的沉重斧头，却可以让防护最严实的敌人横尸疆场。

陨铁兵器

用青铜制造兵器是武器技术的巨大进步。铸造工艺使得工匠能制造出各种形状的剑、匕首和箭簇。青铜盔甲虽然笨重，但防护性能极佳。青铜的主要缺点是它的制造离不开锡，而且无法保持边缘的锋利。随着冶铁技术的发展（约前1300年的近东），青铜武器遭到淘汰。然而，考古学家们发现，早在铁矿被开采之前就已经存在铁制工具和兵器。

这些青铜时代的铁制品，从公元前2500年土耳其的匕首到公元前1400年乌加里特和中国的斧头，不一而足。青铜时代的人从哪里得到的铁？答案是来自太空，但不是来自外星人。铁陨石在进入地球大气层时能够存留下来。古人会将它们收集起来，因为它们看起来太与众不同了。

虽然冶炼铁矿石需要很高的温度，但较低温度的熔炉还是可以把铁加工成所需的形状。人们把铁，尤其是从天上掉下来的铁，视为一种名贵材料。

科学家可以通过分析铁制品中其他元素的相对含量，来确定它是否来自外星。如果其中富含镍和钴，便表明来自陨石。埃及法老图坦卡蒙（Tutankhamun）的坟墓里有一把匕首，最近的研究证实它就是由陨铁制成的。

▲ 在图坦卡蒙墓中发现的这把匕首的刀刃是由陨铁制成的。流星是一种容易获得的铁的原料，尽管这种原料十分罕见

像标枪这样的投射兵器虽然便携性不如弓箭，却有更强的杀伤力。

▲ 这幅中东古城波斯波利斯的浅浮雕，描绘的是手持长矛的卫士

▲ 双头斧成为克里特岛米诺斯文明的标志性象征

危机四伏

投射兵器为使用者提供了安全距离。倘若你能在敌人离你一剑之遥前攻击他们，你存活下来的可能性就更大。史前遗址中就曾出土过弓和箭，但延续整个古代的不断创新，增强了它们的威力、改善了它们的用途。人们把牛角、木头和动物的筋腱层压在一起，制成威力更大、结构更加紧凑的复合弓。而关于弩的起源莫衷一是，但它在中国战国时期业已得到广泛应用。当时的中国军队就会携带专业的、被批量制造的弩。

其他像标枪这样的投射兵器，虽然便携性不如弓箭，却有更强的杀伤力。一名士兵可能同时携带数支轻型标枪向敌人投掷，以此作为步兵冲锋的前奏。类似弹弓这样的武器，则需要更加专业的训练。古代弹弓能发射石头和铅弹，给敌人造成的伤害不亚于现代子弹。人们还发现，有的古代弹弓上面刻有"吃老子一弹"这样伤害性不大、但侮辱性极强的短语。

发射重型抛掷物的技术，在古代发展得比较晚。希腊军队和船只使用的是弩炮，即一种依靠扭力弹簧组为射击提供动力的装置。据说一个人便能完成弩炮的装填和射击。它们的设计十分简单，可以根据需要随意拆卸和重新组装，但威力强大，装填箭杆形抛掷物可以射杀重装之敌，装填球形抛掷物则可以用作攻城武器。希腊船只还会利用弩炮把一罐罐易燃液体（有时是毒蛇）发射到敌船的甲板上。随着罗马人的进一步开发，后来的弩炮已经能把飞镖射到1000米开外。

机动部队

军队的移动可谈不上是一件快事。再加上打仗所需的辎重，更会把部队拖累得步履蹒跚。最早,人们开始在战争中使用牲畜,也许就是为了运送物资。在战斗中,马匹充分发挥了运输和作战的双重功用。骑兵、侦察兵在敌人逼近时发出预警,为调动军队提供了宝贵的时间。由于马鞍和马镫的发明是古代末期的事情,此前的马匹骑乘既困难又不舒服。第一辆战车,很可能是由运输车发展而来。它们为弓箭手提供了绝佳的射击平台。随着时间的推移,战车变得更快、更轻,也更危险。

马匹不是战争中唯一可以派上用场的动物。在近东和中东,弓箭手使用驼队。而印度人自公元前6世纪就开始使用大象。这种做法也逐步向西蔓延。大象的庞大身躯可以碾压步兵和骑兵,因此许多弓箭手可以坐在象背上居高临下地射击。迦太基统帅汉尼拔(Hannibal)在攻击罗马人时试图让大象越过阿尔卑斯山,便凸显了大象作为武器的价值。英格兰人第一次目睹这些庞然大物,就是在罗马皇帝克劳狄乌斯(Claudius)率军入侵不列颠的时候。

自卫

在战斗中,盾牌是士兵最好的伴侣。古代军队在不同时期开发和使用了许多类型的盾牌,从简单到复杂,从轻型到重型,不胜枚举。帕提亚帝国士兵使用轻型柳条盾牌,竖在地上,为弓

围城之术

"爬上乌鲁克城墙,四处查看它的基石和砌砖工艺,看看城墙是否用烧砖砌成……"《吉尔伽美什史诗》(The Epic of Gilgamesh)将乌鲁克城的城墙描述为吉尔伽美什最伟大的成就之一。这部作于公元前2100年的史诗显示了保卫城镇的重要性。一个人站在城墙之上,就足以让下面的众多士兵望而却步。许多世纪以来,厚实的城墙远非来犯之敌所能抗衡。起初,围城只是简单地把敌人围困在城池之内,直至把他们饿死。这需要漫长的时间,而且需要围城军队投入大量的人力物力。"围城"一词源于拉丁语"sedere",意思是"坐着"。有关围城的最早记录被发现于埃及坟墓的饰带和亚述宫殿的中楣。这些记录都揭示了围城方如何加速城池的陷落。军队进城的最简单方法就是翻越城墙。埃及人使用靠墙支撑的轮式梯子,但爬上去的士兵很容易受到上面的攻击;亚述人则发明了复杂的攻城锤;如果一切尝试都失败了,还可以大挖墙脚。尽管攻城之术如许,但在现代之前,坚固的城墙仍然是军队所能拥有的最好的防御手段。

▲ 防守技术为防守一方提供了巨大的优势。在这场公元前8世纪的围攻中,我们可以看到亚述人使出了浑身解数,撞锤、梯子和挖掘隧道轮番上阵

▲ 古代人创造的射箭、步兵和骑兵技术，直到现代还在战争中占据着主导地位

沙子透过盔甲进入衬衣，烫伤了身体，令他们束手无策……

箭手撑起一堵防身的墙。迈锡尼步兵用来防身的塔盾是用皮革覆面的柳条制成。后来，希腊重装步兵喜欢使用由金属加固的圆形木制盾牌。他们的盾牌保护着自己和左侧的人。所以冲破防线、临阵脱逃不仅会危及自己，也会危及阵中的其他人。不过在溃退之际，沉重的盾牌会构成拖累，减缓败兵的撤退速度，因此，司空见惯的是，士

关键节点
复合弓
公元前14世纪之前

简单弓（或称单体弓）由一块木头弯曲而成。通过将兽角、木头和筋腱层压在一起制成的复合弓，可以承受更大的力，威力更大，射程更远。增加的力量使复合弓比单体弓小得多，但杀伤力不减。小巧的复合弓不但在战斗中更加便携，而且也使士兵能够在战车或马背上进行运动射击。这种武器制造起来更加复杂，在战场上的表现也更加神勇。

关键节点
三层桨战船
公元前8世纪

三层桨战船属桨动力船，有三层桨，操纵迅捷，船头装有撞锤，可以用来撞沉船只。历史学家们怀疑三层桨战船并不能达到古人记载的速度，但复原重建证明确实如此。古希腊三层桨战船令一些城邦称霸海洋，进而使得希腊在地中海周边的殖民扩张成为可能。虽然后来人们把船只造得更大，船上的桨也更多，但三层桨战船的平滑流线设计在整个古代都大行其道，并助推了罗马帝国的扩张。

古代战争技术

● **战车**
战车最早出现在美索不达米亚，由野驴牵引。虽然缓慢而笨拙，但在支援步兵方面却很实用。经过数个世纪的发展，它们已成为主宰战场的夺命装备。
约公元前2500年

● **大帆船**
早期的战舰用来运送兵力。从公元前14世纪开始，它们自身逐渐演变成了武器，海战从水手登船、弓箭手在甲板上就位开始。
公元前14世纪

● **铁制武器**
铁制造兵器结束了青铜时代，因为青铜兵器既没有那么坚固，也没有那么锋利。此后，钢制武器和盔甲在战场上称霸了数千年。
约公元前1200年

● **攻城锤**
攻城锤是从可移动的木架上吊起的原木，它们反复地撞击城墙和城门直至将它们撞毁。侧垂的湿皮能防止撞锤被点燃。
公元前9世纪

兵们把盾牌丢到一旁，溜之大吉。但对斯巴达人来说，这却是奇耻大辱。勇士们都谨遵这样的告诫："要么带着盾牌凯旋，要么用它抬尸回家。"虽然盾牌不可或缺，但它并非是最好的防御手段——远离战场，才是最好的活路。据考古揭示，古代世界许多城镇都建造有坚固的城墙以抵御外敌。安全地躲在城墙后面，你尽可把箭射向下面乱作一团的军队。即使敌人带着梯子爬墙，你也完全可以轻易把它们推倒，或者尽情发挥你的创造力——当亚历山大挥师攻打提尔城时，守军把沙子烧得红热，然后倾泻到攻城者身上。正如公元1世纪希腊历史学家狄奥多罗斯·西库路斯（Diodorus Siculus）记载的那样："沙子透过盔甲进入衬衣，烫伤了身体，令他们束手无策……他们疼得发疯，在极度痛苦中死去。"

不过，盾牌、盔甲和城墙并不是赢得战斗的唯一方法。欺诈与恐惧可能也是致命利器。在佩卢修姆战役中，波斯军把埃及诸神的肖像画到了盾牌上，让埃及女神芭丝苔特的"圣猫"冲在最前面。埃及士兵非常害怕冒犯众神，于是溜之大吉，输掉了这场战斗。

为了迷惑对手罗马军团，汉尼拔曾经在晚间放出数千头牛，把燃烧的木头绑在牛角上，营造出千军万马在移动的景象，令罗马军团登时崩溃。当牛群冲向罗马军团防线时，它们造成的恐慌使罗马士兵四散奔逃，汉尼拔轻松取胜。

▲ 武器装备的改进推动了铠甲的改进和发展，正如这里看到的披挂胸甲、手持盾牌和顶戴头盔的马其顿军队一样

关键节点
长矛
约公元前358年

马其顿国王腓力二世继承了一个极不安分的王国和十分羸弱的军队。他通过引进一种由坚硬木头制成的、长达6米的长矛来改良部队。在这些武器的加持下，马其顿方阵能够用矛尖筑起一堵夺命高墙来攻击敌人。有了这种新的阵形和战术，腓力二世得以通过一系列决定性战斗，将其统治权强加于希腊。他的儿子亚历山大大帝也如法炮制，征服了一个庞大的帝国。

● **弩**
由于不需要弓箭手同时瞄准和拉弓，所以弩能发挥更大的力量，且精度更高。缺点是弩的后撤速度较慢。
公元前7世纪

● **战象**
面对象群的猛攻，几乎没有步兵部队或骑兵部队能招架得住。然而，如果象群惊慌失措，它们也会对自己一方造成同样的破坏。
公元前6世纪

● **弩炮**
使用扭绳的弩炮能以巨大的力量发射投掷物。在攻城中，它们可以越过高墙射击，甚至可以用来破墙。抛掷出的成罐燃油能让大火烧遍整个城池。
约公元前400年

● **罗马战剑**
罗马短剑更多的是用来刺而不是砍。这使罗马得以发展出一支锁步军团，士兵们并肩作战，征服了他们庞大的帝国。
公元前3世纪

● **马鞍和马镫**
最早的马鞍只是盖在马背上的毯子。随着实心鞍座的出现，中国人发明了马镫。马镫为骑手提供了更大的安全保障，为中世纪的骑兵铺平了道路。
公元3世纪

古代的武器

马其顿长矛

公元前 4 世纪

排列整齐、训练有素的马其顿步兵方阵使用 4—6 米的长矛。

长矛的长度意味着多排方阵步兵——不仅仅是前排的人——能够同时使用武器，同步推进。矛尖由青铜制成，矛的重量由另一端的青铜尖头来平衡。这个尖头可以插入地面形成"围栏"来抵御敌人的突然袭击。由于使用长矛时需要双手，因此方阵步兵的脖子上挂着一个小盾牌，保护着他们的左肩和侧面。

腓力二世（前359—前336）把马其顿变成了希腊世界的领袖，而这堵高耸的矛墙则是由他名扬四海的儿子亚历山大大帝（前356—前323）竖起的，他一举征服了广袤的土地，建立起古代世界庞大的帝国。

矛尖由青铜制成，矛的重量由另一端的青铜尖头来平衡。这个尖头可以插入地面形成"围栏"来抵御敌人的突然袭击。

▲ 罗马弩炮是陆战和海战的主战武器。尤利乌斯·恺撒（Julius Caesar）在征服不列颠时把弩炮的威力发挥到了极致

罗马弩炮
公元前1世纪

弩炮和弩一样，都利用了扭矩原理。在古希腊，弩炮最初是作为一种围城武器发展起来的，并在罗马共和国晚期和罗马帝国早期日臻完善。

罗马弩炮使用绞盘和绳子上的"爪"把弓弦拉得比以前更开。弓臂周围的动物筋腱起到弹簧的作用，以增加扭力。发射时，这种力量便转移到石弹或木箭上。与早期武器相比，无论准道还是射程都更胜一筹。

恺撒（前100—前44）在征服高卢（前58—前50）和不列颠（前55—前54）的过程中使用了弩炮。

古代的武器

古代的武器

波斯战象

公元前 6 世纪

根据最早的记载，在公元前6世纪的印度，人们就像骑战马那样骑战象了。它们给敌人造成的心理伤害，丝毫不亚于被象脚践踏蹂躏之痛。后来，这种战法传到波斯帝国。据记载，在与希腊人进行的高加米拉会战（前331）中，波斯人把战象部署在阵前包打头敌。骑手坐在大象的脖子上，士兵们则在象背平台上用弓箭和标枪发动攻击，而大象本身会被一层薄薄的锁子甲或板甲保护起来。

不过，象群常常为战场上的喧嚣所惊吓，会很容易冲回己方的阵中，造成难以形容的破坏。

罗马防御工事

公元前 4 世纪

据称，公元前492年，斯巴达人首次使用了防御工事，即围攻军队用一条不间断的土方工事包围并防范被围军队。而罗马防御工事则青出于蓝而胜于蓝，他们用朝外的第二道防线包围向内的第一道防线，以防腹背受敌，遭到受困敌人援军的攻击。

毫不奇怪，这一壮举离不开罗马高超的工程技术。在阿莱西亚围城战（前52）中，恺撒用连绵不断的防御工事（土堤和带大门和塔楼的围桩）包围了高卢抵抗部队，由此，7.5万名罗马军一举击败了8万名高卢军和24.8万名援兵。

> **他们用朝外的第二道防线包围向内的第一道防线，以防腹背受敌，遭到受困敌人援军的攻击。**

古代的武器

经典大战

卡迭石战役

两个强大的古代帝国为争夺统治权,利用战车战术进行的首次交锋

公元前1274年5月,现代叙利亚卡迭石

本·加祖尔 / 文

卡迭石战役是最早的有历史记载的战役。

两军对垒

埃及
指挥官

古埃及法老拉美西斯二世
大维齐尔·帕夏
阿蒙霍赫皮舍夫（Amunherkhepeshef）王子
拉美西斯王子
汉姆维塞特（Khaemweset）王子
帕雷赫韦涅梅夫（Pareherwenemef）王子

兵力

步兵：1.6万人
战车：2000驾

对阵

赫梯王国
指挥官

国王穆瓦塔里二世
哈图西里（Hattusili）王子
皮塔萨（Pitassa）的米塔纳穆瓦什（Mittanamuwash）
赛哈河国（Seha River Land）的马斯图利什（Masturish）
维卢萨（Wilusa）的皮亚玛－伊纳拉什（Piyama-Inarash）
迦基米施（Carchemish）的萨胡鲁努瓦什（Sahurunuwash）
米坦尼（Mitanni）的萨图阿拉（Sattuara）
乌加里特（Ugarit）的尼克美帕（Niqmepa）
阿勒颇的塔尔米·萨鲁玛（Talmi-Sarruma）
卡迭石的尼克马杜（Niqmaddu）

兵力

步兵：4万人
三人战车：3000驾

经过几个星期的行军，埃及军队的4个军团已经进入对目标的攻击距离，并在能看到卡迭石城墙的地方搭起了帐篷。法老拉美西斯二世（Ramesses II）有充分的理由相信他的征服将会迅速而彻底。然而晌午过后，他的手下却四散奔逃，刀剑和盾牌扔了一地，连他自己都性命难保。

卡迭石战役（前1274）是最早的有历史记载的战役，参战人数、军队类型、军事行动和战役结果等均着笔墨。值得注意的是，对于这场如此久远的冲突，交战双方的书面资料仍然存在，尽管它们可能会令后人对战役结果存疑。你在下文将看到，两个强大的帝国如何调遣装备有当时最先进武器的军队，去进行一场塑造历史的战斗。

▲ 在卡迭石战役中,坐在战车上拉弓搭箭、御驾亲征的拉美西斯二世

变化的边界

大多数人认为古埃及是一个稳定的王国,亘古以来就没发生过什么变化。但事实上,随着周边新国家的崛起和衰落,它的边界也随之发生变化。

法老敌人的攻击令埃及内外交困。公元前18世纪,希克索斯人自巴勒斯坦长驱直入,控制了埃及,结束了中王国时期。后来,埃及新国王又把希克索斯人驱逐了出去,随后有意在北部边境建立缓冲区,以消弭外敌来犯之虞。毕竟,睦邻关系难以为继。

公元前1800年左右,赫梯文明开始在现代土耳其的安纳托利亚兴盛起来。为了防范自己的王国受侵略,赫梯人矛头向外大肆进攻。有些土地被直接并入了赫梯人的版图,而在另一些土地上,他们则把效忠自己的统治者扶上了王位。随着赫梯人的手向南越伸越长,埃及人向富饶之地陆续北迁,一场恶战已然不可避免。

赫梯人的史料表明,两个帝国之间曾约定互不侵犯。据赫梯简牍记载,"赫梯人和埃及人曾对着暴风雨神起誓"。后来,投机钻营的赫梯人似乎违背了这项约定。赫梯国王称:"赫梯人占了上风之后，立刻就违背了对神许下的诺言。父王派出步兵和战车，袭击了埃及的边境地区。"

两个帝国争夺的是阿穆鲁城周围地区。在数十年的冲突中，这一地区被多次易手。卡迭石就坐落于此。

备战

据赫梯简牍记载："当穆瓦塔里（Muwatalli）登上王位时，阿穆鲁人揭竿而起，明确向他表示：'我们曾经是忠诚的臣民，但我们不再是你的臣民！'转而拥戴埃及国王。"虽然此前阿穆鲁城曾多次叛变，但赫梯新国王穆瓦塔里二世却无法容忍阿穆鲁人再次与埃及人沆瀣一气。失去阿穆鲁城会陡增"卧榻之侧他人鼾睡"之感。鉴于赫梯当时的首都哈图萨距离未来战场太远，穆瓦塔里将政府所在地迁往南边的塔胡恩塔萨（Tarhuntassa），并把领地内各路大军集结于此。

赫梯人并不总是直接统治他们的领地，他们也会与邻国缔结条约。阿勒颇国王里米沙林纳阿（Rimisharrinaa）与穆瓦塔里就有这样一个约定："伟大的赫梯国王……将成为阿勒颇国王的盟友。赫梯众神和阿勒颇众神将作为这个约定的见证人和保证人。"而赫梯人与基祖瓦德纳（Kizwadna）领地也有约称："领地之王将差遣100匹战马及战车，外加1000名步兵去赫梯，由赫梯人供养。"据记载，在卡迭石与赫梯国王并肩战斗的盟友共有19个。当赫梯军队开拔时，行动起来的不单单是一个国家，而是整个帝国。埃及史料对穆瓦塔里招募军队的方式大加斥责，称其为雇佣行径："他没给本国留下分文，而是抢空夺空，把金银分给盟国，要他们出头打仗。"据埃及史料记载，为了这场战役，穆瓦塔里总共募集了3.7万名步兵和3000辆战车。

积极备战的并非只有赫梯人。在埃及，拉美西斯二世业已成为法老。年轻时，他就曾参加过父亲指挥的与赫梯人的战争，只是那些战役并没有给埃及增光添彩。拉美西斯二世亟需通过一场军事胜利来保住自己的王位，赢得勇士的殊荣。鉴于穆瓦塔里把首都搬到了南边，以便战事吃紧时可以靠近指挥，拉美西斯二世在尼罗河三角洲的高地建立了培尔—拉美西斯（Pi-Ramesses）城，这样就能够置身前线。

拉美西斯二世将军队召集到培尔—拉美西斯。埃及军队的兵种远不如赫梯人的齐全。在拉美西斯二世征召的军队中，大多数是埃及人，尽管努比亚人和施尔登海盗也跻身其中。据一座纪念碑记载，拉美西斯二世曾打败并俘虏了大量施尔登人。而这时他们赫然出现在卡迭石战斗部队序列当中，表明在拉美西斯二世看来，他们是优秀的斗士，而他们也已对自己忠心耿耿。

埃及军队由4个以神命名的军团组成，即阿蒙（Amun）、拉（Re）、塞特（Seth）和普塔赫（Ptah）军团。史料中还提及了一支尼林（Nearin）部队，可能是摩押战士，他们被派往北部沿海地区。虽然这支部队鲜为人知，但他们在接下来的战斗中却发挥了关键作用。拉美西斯二世亲率阿蒙军团，并让4个儿子随军经受战火洗礼，在战斗中积累经验。每个军团由大约4000名步兵和500辆战车组成。合计2000辆战车决定了战役的胜负。

虽然此前阿穆鲁城曾多次叛变，但赫梯新国王穆瓦塔里二世却不能容忍阿穆鲁人再次与埃及人沆瀣一气。

▲ 埃及法老在战争中骑乘战车的场景比比皆是。图中，图坦卡蒙正在驱散敌人

拉美西斯二世

他在卡迭石战场上功勋卓著，实至名归

作为王子，拉美西斯二世参加过其父王赛提（Seti）一世在迦南（Canaan）与赫梯人的战争。这些战役包括埃及人占领卡迭石。然而，卡迭石和阿穆鲁很快又回归了赫梯帝国，直到拉美西斯二世成为法老，埃及人才动了再度占领它的念头。

以拉美西斯二世和赫梯人作战的经验来看，显而易见的是，战斗中的埃及战车在速度和机动性方面更具优势。埃及战车乘员只有2人，车夫和士兵各一人，而赫梯战车乘员则有3人。虽然就埃及和卡迭石之间数百英里[1]的距离而言，步兵部队调动起来比较容易，但人们都清楚，战车才是制胜的法宝。人们经常能看到法老驾乘战车。这充分体现了战车的战略重要性。

战车本身并不是什么武器。虽然造价高昂，维修麻烦，但它们作为弓箭手的移动平台，对埃及军队来说颇具价值。当时人们使用的复合弓（由多种材料层压而成）仍然是一种笨重的武器。要想在马背上箭无虚发，或者哪怕只是射箭，都是一件极其困难的事情。战车的设计能保障弓箭手在高速平稳行进状态下射箭，并为他们提供了一定的活动范围和操作空间。同时，战车不仅能让弓箭手有机会迅速接近敌人、实施打击，还能边射击边撤退。相比之下，对手要瞄准、打击的却是一个移动目标。

通过战车冲锋和箭术的有机结合，埃及人可以熟练地对抗赫梯人人多速度慢的战车。而赫梯战车最适合用来撞击步兵和打乱阵形。一旦得手，赫梯战车手便可大显神通，用他们的长矛造成巨大的伤害，就像人们在卡迭石战役的第一阶段所看到的那样。当赫梯人把一个兵团的步兵打散时，战车就成为杀伤有生力量的利器。

战车的优势之一是可以轻易地超过步兵。由两匹马拉的战车很快就能把步行者甩到身后。但这也蕴含着危险。赫梯战车部队把己方的步兵落下了数英里远。假设埃及人严阵以待，他们就可以把赫梯战车手拉下车了事。事实上，当时的赫梯战车在没有步兵支援的情况下就曾陷入埃及人营地，给了埃及步兵和战车进行反击的机会。

埃及战车速度较快，加之马匹精力充沛，故而能围绕赫梯战车狂奔，反复锁定目标射击。精疲力竭的赫梯马匹无法逃离灵活的敌人。而且赫梯战车手配备的大多是近身武器。他们无法反击，只能被迫放弃战斗。

由于比赫梯战车轻得多，埃及战车能够对战场上瞬息万变的战况做出快速反应。当他看到赫梯战车最先对自己营地进行攻击后，拉美西斯二世掉转他的战车部队，抵挡住了赫梯人的另一次战车冲锋。他还集结了一支弓箭预备队，在敌人中间制造恐慌，以遏制住他们的进攻势头。混合兵种的战术运用，使得拉美西斯二世将一场潜在的灾难性伏击和失败，转变成了被埃及人长久铭记的胜利。

---

① 1英里约等于1.61千米。

▲ 几个世纪以来，人们一直把拉美西斯二世尊为"伟大的先祖"。他是一位非常强大的法老

战车

乍一看，战车似乎是个奇怪的选项。主要由木头制成的战车看上去不堪一击，经不起严酷战斗的考验。虽然勇往直前的马匹或许会给敌军带来一种震撼和威慑，但鉴于古老战车的开放设计，车手们很容易就被拉下车杀掉。你可能会问，那么为何偏要不辞艰辛、跋山涉水将战车运到千里之外的战场呢？

尽管貌不惊人，但古代战车却是高度先进的军事装备。在图坦卡蒙墓中发现的保存最完好的古代战车，可追溯到卡迭石战役之前的大约60年。这些战车轻盈迅捷，机动灵活。柔韧的木制轮缘，使骑手经过凹凸地面时也能保持稳定；动物脂肪润滑的轴承，保障了战车的行进速度和耐久性；使用弹性木材制作的车轮辐条，有效地抑制了车身的震动。所有这些特性使埃及双人战车即便以时速25英里飞奔时也能做到非常平稳。在这个稳定的战斗平台上，埃及士兵可以在冲锋时发射利箭，在近战时动用短矛。

相比之下，赫梯人更偏爱三人战车。这些战车较重，不易转弯，但可以用来撞击对手，将他们赶出战场。

雕刻画中对赫梯战车的描绘是，一个士兵操控着马，另一个拿着盾牌保护同伴，还有一个挥舞着长矛。为了使赫梯战车发挥效力，他们必须靠近敌人。

大战之前

当埃及军队向北挺进时，战线被迫拉得很长。由于缺乏军粮和饮水，4个军团不得不各行其是。如果全军一起行动，国家将无力补给。这种状况使得他们很容易遭到伏击。为了提前预警，埃及人会派出侦察兵对周边地带进行侦察。

埃及军队

步兵
埃及步兵身穿轻甲,手持轻盾、长矛、剑或斧头投入战斗。他们是战场上的中流砥柱。

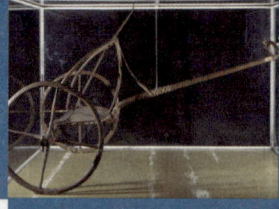

战车
用撞击、射箭和闪避的方式骚扰敌人。能对撤退中的敌人或没有掩护的步兵造成毁灭性打击。

施尔登人
被拉美西斯二世用作贴身卫士的臣服的海洋民族。他们的任务是保护埃及营地免受攻击,并确保王室的人身安全。

赫梯军队

穆瓦塔里二世
赫梯帝国的国王和军队统帅。坐镇驻扎有大量步兵的赫梯大营。大部分时间都与其士兵失联。

步兵
赫梯步兵携带长矛和弯刀参战。不过在卡迭石,步兵没有参加战斗,而是一直留在大营。

战车
赫梯战车乘员3人。当战车接近敌人时,战车手用长矛发起进攻。

经典大战

卡迭石战役

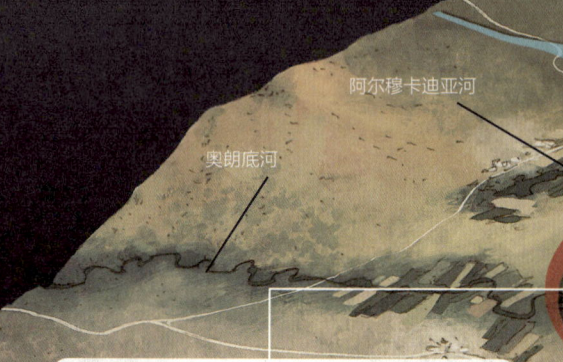

阿尔穆卡迪亚河

奥朗底河

1 谎言与欺骗
由于后勤保障原因,埃及军团分开行军。在法老指挥下,阿蒙军团首先抵达卡迭石。他们撞见了两个贝都因人。两人诱使他们相信赫梯人还在行军。于是,阿蒙军团渡过奥朗底河,在小镇的西北部安营扎寨。随后,两名被俘的赫梯士兵透露,敌人实际上就在河对岸,集结了大量兵力。

赫梯人的突然袭击很可能是埃及人受挫的原因,不过埃及人也有一次突然袭击,突然得连他们自己都感到意外……

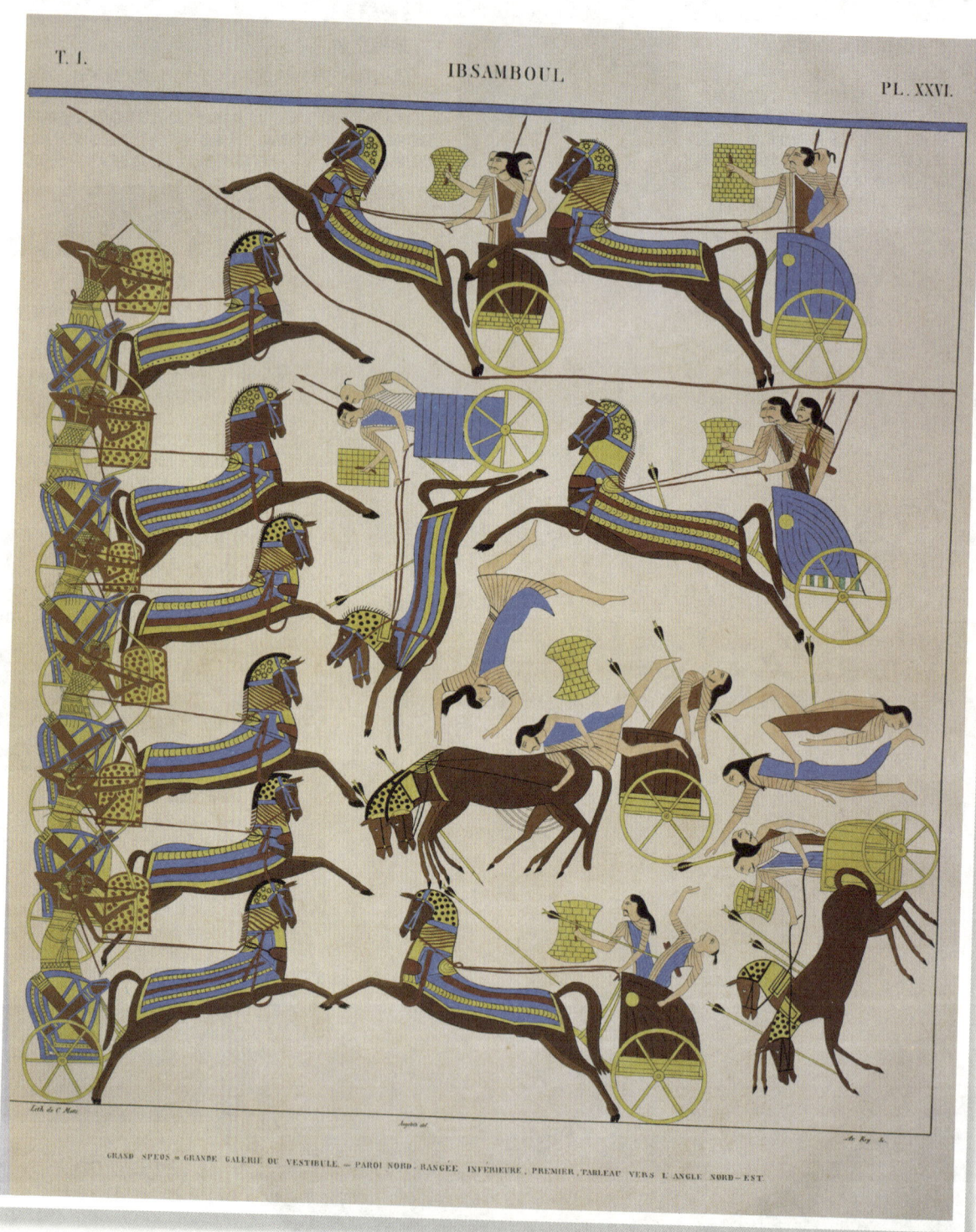

▲ 这幅埃及阿布辛贝(Abu Simbel)神庙的壁画,描绘了埃及双人战车在卡迭石击溃赫梯三人战车的场景

大军抵达卡迭石平原时，埃及侦察兵遇到了两名当地的贝都因人，于是便把他们带到了拉美西斯二世面前。他们谎称赫梯部队大约在120英里外的阿勒颇附近，还称穆瓦塔里不敢迎战法老。拉美西斯二世闻言窃喜，挥师阿蒙军团渡过奥朗底河，在卡迭石西北部安营扎寨，静候埃及其他3个军团的到来。

埃及侦察兵又把两名赫梯探子带进了营地。埃及画卷显示，这两名敌军俘虏遭到埃及人棍棒殴打。随后，把实情和盘托出——贝都因人散布的是假消息，其实，赫梯军队并没有远在100英里开外，而是就集结在河对岸附近。"他们已经准备好了战斗武器。人数比河滩上的沙粒还要多。"赫梯俘虏称。

拉美西斯二世召开了由王子和高级将领们出席的军事会议。埃及文献显示，他在会上，对自己无能的将军们竟然不知道敌人在哪里而大发雷霆。鉴于敌我力量悬殊，面临被全歼危险，拉美西斯二世派大维齐尔·帕夏（Grand Vizier Paser）前去催促其他埃及军团火速赶到卡迭石。

卡迭石战役

此时距离拉美西斯二世最近的是6英里之外、在河对岸的拉军团。当时的画面可能是这样的：大维齐尔一大早冲进拉军团的营地，告诉他们法老危在旦夕，随即吹响号角，命令军团全速前进；接着，大维齐尔夺路而去，忙不迭地继续寻找其他军团。

拉军团以最快的速度穿过卡迭石平原向埃及营地奔去，为此他们的队伍不得不拖成长长一线，也未做好战斗的准备。赫梯人趁机出动了战车。在空旷的田野里，拉军团惨遭赫梯重型战车的碾压。人们纷纷扔掉盾牌和武器，以便在混乱之中更容易脱逃。溃不成军的拉军团战车争先恐后地逃回营地，赫梯战车对此穷追不舍。

营地内的拉美西斯二世，眼见赫梯战车就要冲破阿蒙军团士兵为保护法老而竖起的盾牌墙。这次袭击突如其来，令人震惊，丝毫不像战场上两军公开对垒时宏大的战斗场面。埃及人所拥有的唯一优势，就是他们破碎的物品和营地内狼藉的残存物，能够延缓赫梯人的前进。重型战车无法在近距离内机动。一些赫梯士兵被从车上拖下来杀死，但更多的赫梯士兵捣毁了营地。拉美西斯二世后来描述自己当时的处境时说："我的身边没有军官，没有战车手，没有士兵，连执盾手都没有。"

由于赫梯军人只顾洗劫埃及军人的财物，他们袭击埃及营地的行动被自己人叫停。这一停顿，为埃及轻型战车赢得了集结反击的时间。埃及军队向赫梯人万箭齐发，埃及战车出色的车辆悬挂技术使弓箭手有了一个完美的发射平台。在混战之中，赫梯人试图和埃及人近战，但他们弓箭的射程不及埃及人，重型战车也追赶不上在他们周围打转的埃及人。赫梯人无法接近敌人，有被消灭的危险，于是逃之夭夭。

这是拉美西斯二世率领战车取得胜利的时

被捕的赫梯人悉数被杀，并被砍掉双手，以方便统计死亡的人数。

刻。赫梯人的战马在战斗中疲惫不堪，而埃及军队的主力士气正旺，他们很快赶上了赫梯人，用箭射击缓慢移动的目标。赫梯人策马奔向河边，以期在对岸觅得安全之地。

自战役开打以来，穆瓦塔里国王第一次采取行动。和埃及军队相比，他麾下的步兵人多势众，但他们在战车战中却派不上用场。他集结起包括自己兄弟、盟国国王和将领在内的精锐部队组成战车预备队，派他们上阵，不是为了支援其他战车，而是为了在埃及机动部队倾巢出动、追赶撤退的赫梯军队的当口，杀埃及营地一个回马枪。

这支王室分遣队涉水过河，几乎就要攻占埃及营地。就在这时，被派往北方海岸、原本远离埃及主力部队的尼林军团杀将出来，一时间箭雨肆虐。赫梯战车上的精锐部队惊慌失措，转身溃逃。这时，拉美西斯二世已经赶走了另外一支赫梯战车部队，返回来加入了战斗。赫梯人弃车下河，向营地逃窜。被捕的赫梯人悉数被杀，并被砍掉双手，以方便统计死亡的人数。河里的人大多溺亡。有一件埃及雕刻作品描绘了当时的场景——人们拽起阿勒颇王子的脚跟使劲摇晃，想把水从他身体中控出来。赫梯军队阵亡总数不得而知，但穆瓦塔里的两个兄弟以及两名执盾手、秘书、卫士长和其他将领全部殉难，而赫梯步兵从未离开过营盘半步。

劫后余波

埃及人将卡迭石战役视作自己至高无上的胜利而载入史册。不过，历史学家们的看法却颇为微妙。战役刚一结束，埃及人便控制了战场。虽说赫梯战车部队全军覆没，但在普塔赫军团和塞特军团赶到之前，赫梯军队的人数还是远胜于埃及军队。埃及史料称，穆瓦塔里曾向他们求和，但这似乎不太可能，因为赫梯人甚至都没把卡迭石城交给埃及人。然而，拉美西斯二世这次远征的目的已经达到，他将像英雄般凯旋埃及。

同时，赫梯人也认为这是一场成功的战役。赫梯人的史料虽然比埃及的少很多，但史料并没有将卡迭石之战作为一场重要的战役去书写，反

▲ 阿布辛贝神庙的一幅浮雕显示，在卡迭石战役中，拉美西斯二世脚踏一名赫梯敌人，同时手刃另外一人

倒是对卡迭石战役之后夺回阿穆鲁的战斗大书特书。他们在阿穆鲁城安插了一个傀儡国王，其统治一直持续到赫梯帝国倒台。

卡迭石之战后的13年间，双方小规模冲突不断，拉美西斯二世再次与赫梯人过招。与此同时，亚述人趁火打劫，挥师对赫梯人进行攻击，这似乎使赫梯人更容易接受和平条约。由此缔结的《埃及赫梯合约》是现存最早的书面条约。双方达成了许多条件，"以便永远修好，永不为敌"。如今，合约副本在联合国显著位置展出。

罗马战争机器

罗马军团的组织、武器和训练战术如何征服了世界?

罗马帝国称霸全球战场达几个世纪之久,侵占了欧洲大片土地,还在非洲和小亚细亚长驱直入。罗马帝国统治下的和平(Pax Romana)大约从公元前27年持续到公元180年,欧洲大部分地区长期处于罗马统治之下。在此期间,由于罗马军力强盛,蛮族部落被镇压,罗马帝国享受了相对的安宁。训练有素、组织严密的罗马军团是世界上装备最精良的士兵之一。罗马战争机器战术专业、武器盔甲制作一流,远胜于其对手。

无论是在盛夏埃及的漫漫沙漠上作战,还是在隆冬北欧的冰雪荒原上搏击,罗马军团都有相应的战斗武器,展现出同样的献身精神。军团等级森严,架构齐整,从最高的军团长到最低的步卒一应俱全。

罗马是最早使用攻城武器的国家之一。与同时代其他文明不同的是,士兵们享有全职工资。事实上,当兵是罗马帝国最好的职业之一。服役1年可以赚到225便士(古罗马货币)[1]的军饷,甚至在他们退役25年后还能拿到抚恤金,有时还能得到一块土地。

战场上,士兵们作为一个战斗集体并肩作战,运用致命的战斗技巧,同仇敌忾、奋勇杀敌。然而,罗马军团最引人注目的方面,或许是它的运输和通信系统。在古代,管理如此庞大军队的后勤是一件颇为棘手的事情,因此,罗马的将军们能在这么长时间内保持他们的军事机器运转良好,实属成就非凡。

---

[1] 1便士(古罗马货币)的购买力约等于目前100到200元。

无论是在盛夏埃及的漫漫沙漠上作战，还是在隆冬北欧的冰雪荒原上搏击，罗马军团都有相应的战斗武器，展现出同样的献身精神。

训练

罗马军团在备战时是如何经受考验的？

罗马军团的新兵身高不得低于1.8米，需要身体健康、视力良好。通常情况下，年满18岁才开始接受军事训练，但当帝国进入战争状态时，对年龄的要求可能会放宽，在向皇帝宣誓效忠之后便可开始训练。罗马军团高度重视行军，士兵每天都要全副武装行走18.4英里，还得反复演练阵法和战法。武器使用是日常训练科目。建造防止野蛮人突袭罗马军营的壁垒和防御工事，也是每日必练项目。

训练场：在严寒的冬季，训练将转移到营地内专门建造的室内场地，这样，士兵们一年365天都可以进行全天候训练。

军纪：如果士兵表现不佳，没有完成任务，就会受到严厉的惩处，从减少口粮到体罚等，不一而足。

作战训练：集训时使用的是木剑和盾牌。军团士兵会练习战斗技巧，为与蛮族部落作战做准备。

作战技巧

罗马军团的肉搏技能

罗马军团的战斗风格是包括剑和盾的战术混搭。来自西哥特、东哥特、高卢和汪达尔等部落的野蛮人通常会携带双手用的大刀,一击就足以致命。

为了抗击这种威胁,罗马士兵会用盾牌抵挡扑来的敌人,迫使他们后退,甚至将其推倒在地。随后,士兵可以趁敌人立足未稳之际,迅速出剑砍杀。

罗马战剑比野蛮人的大刀灵活得多,即便士兵在战斗中丢失武器,仍然可以将盾牌当作钝器使用,还可以掏出隐藏辅助兵器——短军刺。

1个小队=8人

6个百人队=1个步兵大队=480人

10个小队=1个百人队=80人

10个步兵大队+120名骑兵=1个军团=4920人

4920

（外加额外的辅助部队）

等级与结构

组织结构对这一世上首支职业部队来讲至关重要

罗马军团的前身是支队军团，于公元前753年罗马建成后不久成立。这支受到当时方阵战术重大影响的初创军团，助力罗马打败了亚平宁半岛上的宿敌、伊特拉斯坎人和萨莫奈人，以及东面亚得里亚海和爱奥尼亚海对岸的希腊和马其顿军队。彼时士兵们所组成的，从本质上讲是民兵而非正规军，但这一切随着公元前107年的马略改革而发生了改变。在政治家盖乌斯·马略（Gaius Marius）将军的推动下，这次重组把军队变成了一支组织严密的专业部队。从此以后，职业军人有了明确的军饷标准，每次战役后也不再像以往那样被遣散。从意大利各地征招的军人，也使得部队人数显著增加。罗马战争机器就这样横空出世了。

新的组织架构带来了新的等级制度。最高军阶是被称为军团长的将军们，由他们来指挥千军万马。部队被细分成数百人组成的步兵大队和由80人组成的、百夫长指挥的百人队。百夫长的军饷大约是普通士兵的18倍。

公元前27年，当盖乌斯·屋大维·奥古斯都（Gaius Octavius Augustus）完全操控元老院之际，罗马共和国进入了罗马帝国时代。在新帝国，新战术和新阵形层出不穷。装甲骑兵部队开始大行其道，成为古代战场上一种全新的作战方式。在此后不久，他们在世界上最初的一些围攻战中使用了诸如弩炮和投石器之类的攻城武器。

辅助兵种

雇佣兵的涌入

随着罗马帝国的扩张，自然需要越来越多的人力来保卫边境，因此，军队不得不从占领地招募雇佣兵，整编成附属部队或辅助兵种。这些曾经的野蛮人需要接受军事训练，如果他们能服役满25年，则可拿到罗马公民身份。来自遥远蛮荒之地的士兵的入伍，确实改变了罗马军团的构成。例如，从小亚细亚占领地招募的弓箭手，箭无虚发，发发致命。附属部队还帮助开创了锁子甲和圆形盾牌的新时代，取代了原先的环片甲（lorica segmentata）和盾板（scutum）。附属部队的任务是利用自己的专长辅助主力军团。虽然他们的军饷大概是普通士兵的三分之一，还要驻扎在远离故乡的地方，以防止哗变，但这支有非公民部队注入的骑兵和弓箭手兵种，使战术更加多样化，令罗马军团的战斗力得到了极大的提升。

> 这支非公民部队令罗马军团的战斗力得到了极大的提升。

罗马军团士兵

和罗马士兵狭路相逢，任何野蛮人都会不寒而栗。原因如下：

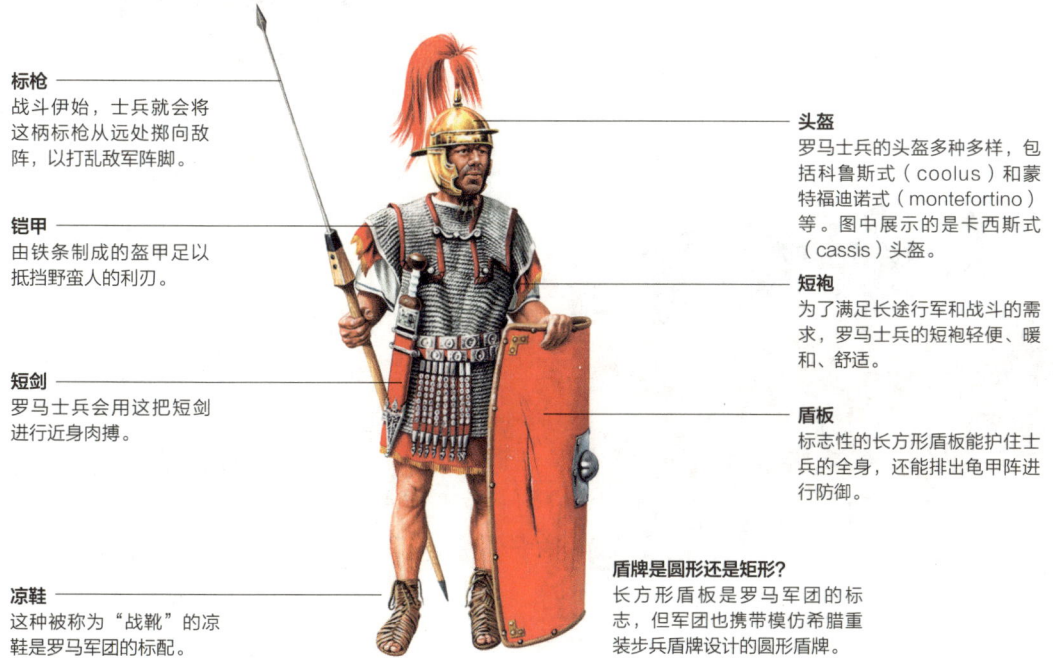

标枪
战斗伊始，士兵就会将这柄标枪从远处掷向敌阵，以打乱敌军阵脚。

铠甲
由铁条制成的盔甲足以抵挡野蛮人的利刃。

短剑
罗马士兵会用这把短剑进行近身肉搏。

凉鞋
这种被称为"战靴"的凉鞋是罗马军团的标配。

头盔
罗马士兵的头盔多种多样，包括科鲁斯式（coolus）和蒙特福迪诺式（montefortino）等。图中展示的是卡西斯式（cassis）头盔。

短袍
为了满足长途行军和战斗的需求，罗马士兵的短袍轻便、暖和、舒适。

盾板
标志性的长方形盾板能护住士兵的全身，还能排出龟甲阵进行防御。

盾牌是圆形还是矩形？
长方形盾板是罗马军团的标志，但军团也携带模仿希腊重装步兵盾牌设计的圆形盾牌。

阵形与战术

空前的罗马战阵战斗力十分强大，几乎可以应对任何阵仗

作为一支职业化的征召部队，罗马军团引入了许多军事创新。在罗马帝国建立之前，方阵是古代战场上的主要战术，但没过几十年，罗马人成功地将其淘汰。

龟甲阵

龟甲阵在空旷战场和围城行动中都有用武之地。使用与人体几乎等高的盾板，向敌军或防御工事逼近，部队便可刀枪不入。这个阵形是从希腊和马其顿的方阵演变而来。

优点：能在不受攻击的情况下迫近敌方阵地。
缺点：不能轻易发动快速进攻。

环形阵

当小股士兵从主力部队中分离出来，被敌军包围时，就会排成一个环形阵。这种阵形虽说只有在背水一战时才会使用，以期"决一雌雄"，但可以阻止敌人的进攻，为撤退或逃跑赢得宝贵的时间。

优点：对脱离主力部队的士兵有用。
缺点：孤立，易遭到攻击和包围。

格劳庇乌山战役

龟甲阵的崛起

这场战役是在苏格兰高地进行的,堪称龟甲阵的高光时刻。面对拼死一搏的当地喀里多尼亚(Caledonian)部落,罗马军团严整的阵形在战术上棋高一着。当喀里多尼亚人向罗马军团奋力投掷长矛时,军团即刻缩成了乌龟状,化解了长矛的冲击力。接踵而至的是罗马军团战车和步兵的冲锋,这种联动机制十分有效,随后是龟甲阵的全线压上,令那些没有铠甲护身的非专业民兵根本没有胜算。

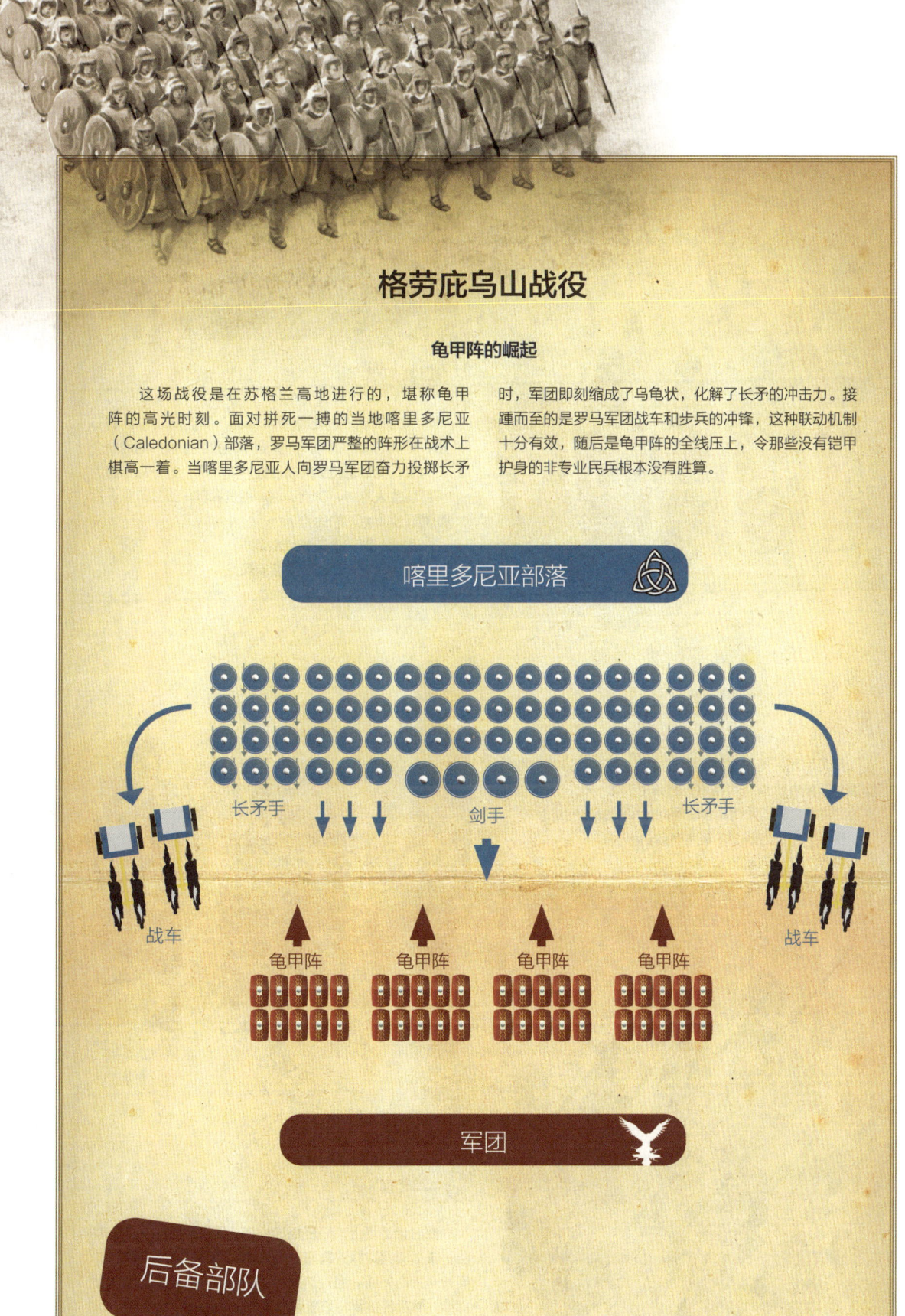

楔形阵

楔形阵是一种比龟甲阵和环形阵更具攻击性的阵形，使罗马战剑的功用发挥到了极致。士兵排列成一个三角形，尖端朝向敌阵，径直冲向敌军。这个战术是为了打乱敌人阵脚，在近身格斗中发挥罗马战剑所长，以抵消野蛮人大刀的优势。

优点： 对敌人造成突然袭击。
缺点： 运用不当还是会有风险。

散兵

罗马军团并不总是排成紧密战队。相对于方阵，散兵阵更具延展性优势，可将原先的阵形扩大一倍，使得指挥官能在冲锋之前，利用轻装散兵向敌军投掷标枪。

优点： 对抗方阵战术非常有效。
缺点： 易遭到反击。

反击骑兵

在古代战场上，马匹堪称坦克。罗马军团设计了一种能够击退骑兵冲锋的阵形——排成一道严密的盾牌屏障，用长矛指向外面。面对这堵带尖的盾墙，战马常常会收拢脚步，然后任由罗马弓箭手蹂躏。

优点： 是对付令人恐惧的战马的有效战术。
缺点： 如果马不肯停下来……

伊利帕战役

抗击战象

西皮奥（Scipio）将军用出色的战术，有效地结束了迦太基人对西班牙的控制。面对战象军团和敌方众多的士兵，西皮奥命令轻装步兵（velite）部队在黎明之前向敌军营地投掷标枪。迦太基人忙不迭出营列阵，在家门口迎战罗马军团。混乱中，他们派出了战象部队，但是散开的罗马军团所拉出的空当，意味着战象在被标枪刺倒之前，对敌军造成的伤害值还不如给自己军队造成的大。

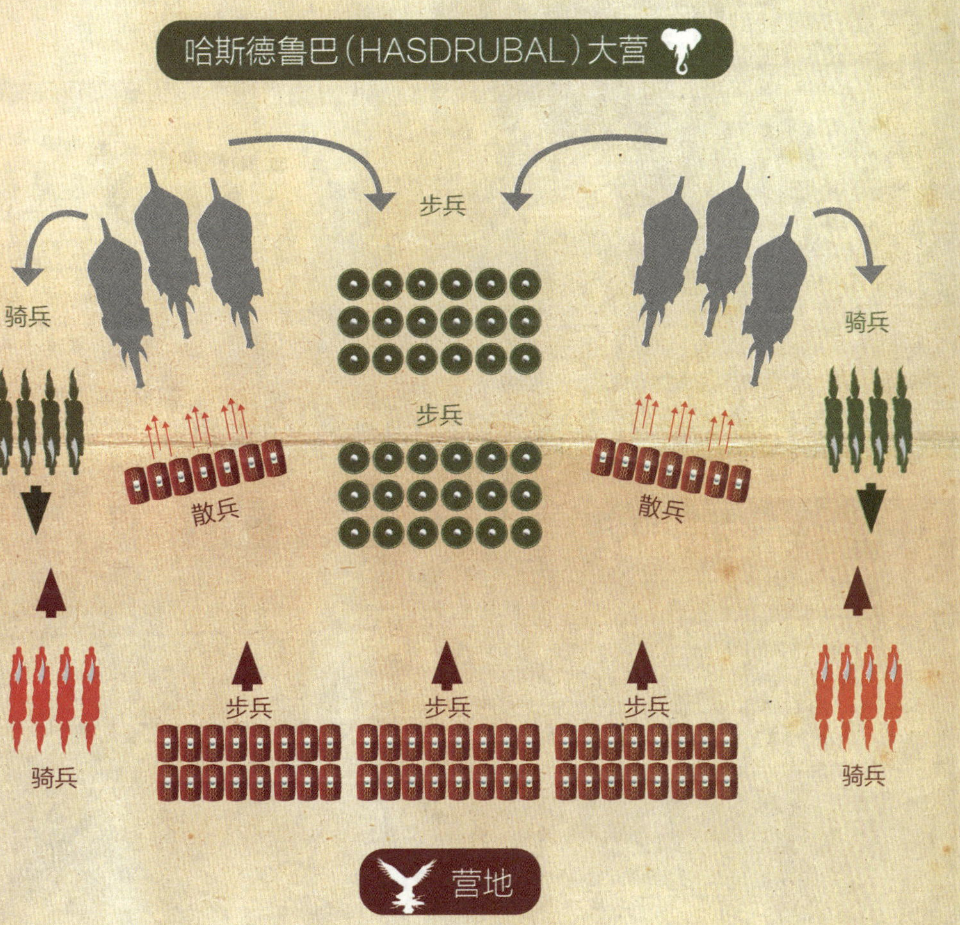

哈斯德鲁巴（HASDRUBAL）大营

骑兵　步兵　步兵　骑兵

散兵　步兵　散兵

骑兵　步兵　步兵　步兵　骑兵

营地

战争机器与攻城

如果定居点挡住了罗马军团的去路,攻城机器的威力便会发挥出来

当罗马的战争机器在欧洲大行其道时,偶尔也会与敌方戒备森严的城堡和城镇不期而遇。通过摧毁这些城堡和城镇的中心,罗马人可以给敌军以沉重的打击,还能将城池的资源和财富洗劫一空。

围攻通常从在城市周围建造一系列堡垒和防御塔开始,从而起到阻止敌人的增援部队里应外合和切断守城者饮食补给的作用。如果守城者抵抗如初,罗马军团将展开全面围攻。

▲ 这一重建项目显示罗马军团为进入维钦托利营地而不得不攻破的城墙范围有多大

围城陷落

一旦赢得胜利(这可能需要数周、数月甚至数年的时间),罗马人就会将城里一切有价值的东西洗劫一空。幸存下来的妇女和儿童将作为奴隶为罗马帝国效力。在对锡拉库萨的围攻中,罗马军团接到严令,活捉希腊天才阿基米德(Archimedes),因为阿基米德发明的武器曾让罗马军团损失惨重。不幸的是,这个命令并没有被严格执行,这位世界最伟大的思想家之一,在罗马短剑下死于非命。

著名围城战

迦太基攻城战或许是罗马军团围城战役中最重要的一个。公元前146年,迦太基帝国中心被洗劫一空,结束了第三次也是最后一次布匿战争(Punic War)。另外一个著名事件是围攻阿莱西亚。尤利乌斯·恺撒包围了维钦托利大营,并成功地击败了高卢地区阿维尔尼人的部落首领,标志着阿维尔尼人抵抗的结束。海上也爆发过一些围攻战,锡拉库萨就是最突出的战例。

▶ 攻坚胜利后,整座城池将被夷为平地,以防今后再起事端,同时以儆效尤。这张图片显示了迦太基城曾经的样貌

弩炮

如果不能靠近城墙，士兵们可以使用弩炮进行远距离攻击。这些弩炮利用扭力装置，能够远程向城垛投掷石块。士兵可以用它瞄准城墙、甚至墙垛上的弓箭手，进行攻击。

投石器

在围攻中，投石器不仅能用来对付城墙，还能用来杀伤敌军步兵。士兵用投石器能把巨大的金属弩箭发射到300米开外的地方，令敌人闻风丧胆。这个攻城利器比小型弩炮体积更大，破坏性更强。

攻城塔

对罗马军团的攻城行动来说，攻城塔不可或缺。人们能把它一直推到敌军城垛上方，让攻城部队得到保护的同时，攀越并突破高耸的防御工事。人们也可以在塔上配置其他攻城武器，去尽可能接近敌人的防御工事。

攻城锤

罗马攻城锤配有一把恰似公羊角的铁锤，可以迅速将城堡锤成废墟。攻城锤里面的士兵有木制屋顶保护，专门选择城垛最薄弱部分进行作业。然而，面对坚固的城墙，攻城锤也有不好用的时候。

挖掘作业

如果遇到特别顽强的抵抗，罗马军团有时会在城墙下面进行挖掘作业。利用其他攻城方法分散守军注意力，成群结队的士兵渗透进城，从内部击溃防御者。

战争的象征：城堡

用来保护和防御的城堡，几个世纪以来发生了怎样的变化？

水城（Mizuki）——日本的第一座城堡

早期的设计，在7世纪的日本颇为流行

664年，日本

在日本建造第一座城堡之前，临时堡垒和加固的房屋随处可见。然而，随着7世纪来自亚洲其他国家威胁的增加，加强防御的需求已日益明显，于是第一座独立城堡在太宰府应运而生。

▲ 水城城高墙厚，且地势陡峭，明军火炮的武力发挥受限，伤亡惨重

英格兰建造的第一批石头城堡

建筑新时代

1067年，英格兰

被封为赫里福德（Hereford）伯爵后，威廉·菲茨奥斯伯恩（William Fitz Osbern）开始在怀河（River Wye）威尔士一侧岸边建造切普斯托城堡。不久之后，标志性的伦敦塔竣工。这些早期的石头城堡取代了更早的、建在地基上的土丘—壕沟城寨。在接下来的一个世纪里，人们在英格兰各地建起了数十座石砌城堡。

◀ 伦敦塔是英格兰最早用石头建造的城堡之一

火炮要塞潘登尼斯（Pendennis）城堡

不再只是为了防护

1539年，英格兰

由亨利八世委托建造的潘登尼斯城堡是一种新型城堡，既能承受火炮的轰击，也能进行火力还击。它是为防御英国海岸而建造的一系列火炮城堡之一。不过，它所经历的唯一军事行动，就是在1646年，英国第一次内战期间，曾经被一支议会军围攻。

▼ 在第二次世界大战中，潘登尼斯城堡的枪炮见证了战争

史上最长的坎迪亚（Candia）之围

城堡的坚固程度得到了验证

1648—1669年，克里特岛

有历史记载的最长围困始于1648年，当时医院骑士团劫持了奥斯曼帝国的一支队伍。作为报复，奥斯曼派出了6万名士兵，围攻克里特岛坎迪亚的医院骑士团基地。他们在岛上驻扎了21年，围困城堡和城镇。直到1669年，守军减少，因饥饿而投降，对峙才算结束。

▲ 坎迪亚城被奥斯曼帝国军队围困达21年之久

位于十面埋伏的叙利亚霍姆斯城附近的骑士堡，变成叛军的据点，此后多次成为争夺的对象。

骑士堡
800多年后依然屹立不倒

13世纪至今，叙利亚

即使是在21世纪，城堡仍然在冲突中扮演着重要角色。2011年，位于十面埋伏的叙利亚霍姆斯城附近、历经800年沧桑的十字军城堡骑士堡，变成叛军的据点，此后多次成为争夺的对象。这座城堡因炮击而严重受损。

▲ 从西南方向所见叙利亚十字军城堡骑士堡

▲ 城堡结构繁复，还有一条渡槽

▲ 位于山顶上的城堡周围还有一条护城河

▲ 贝叶挂毯上描绘的围攻迪南城堡（Château de Dinan）的场景

▲ 阿伦德尔城堡的土丘和方形院

土丘—壕沟城堡

速成的权力灯塔

10世纪50年代，法兰西西北部和英格兰

修筑土丘—壕沟城堡，速度快，难度小，造价低。这样的城堡由土丘、壕沟和木栅栏围墙构成，起源于北欧，诺曼人在扩张领土时利用了这一设计。后来，为了迅速稳住新征服的领地，"征服者"威廉在英格兰各地建造了数百座这样的城堡。

历久弥新的星形城堡 麦克亨利堡

这座星形城堡是美国国歌的诞生地

1814年9月，美国

18世纪，人们为保卫巴尔的摩港免遭海上攻击而修建了这座城堡，其设计参照了五角星，以最大限度地提高炮台效率。1812年美英战争期间，英国对麦克亨利堡的轰炸激发了弗朗西斯·斯科特·基·菲茨杰拉德（Francis Scott Key）创作诗歌《保卫麦克亨利堡》。这首诗后来被改编成了美国国歌。

▲ 每年都有成千上万的游客涌向麦克亨利堡，参观美国国歌的诞生地

中世纪

64 中世纪的战争
78 阿金库尔战役
92 迦勒迦河之战

74

78

92

与威尔士/英格兰长弓不同的是，蒙古的反射弓采用复合结构，通过胶合竹子、筋腱和牦牛角制成。

中世纪的战争

国际间的旅行、贸易和征服,将全新的、创造性的战争方式传遍全球,并造成了爆炸性的结果

本·加祖尔 / 文

到公元5世纪,西罗马帝国逐渐失去了对原有领地的控制。西哥特人和汪达尔人洗劫了圣城罗马。随着罗马人心中"真正的末代罗马皇帝"罗穆卢斯·奥古斯都(Romulus Augustus)被废黜,古典时代告一段落,中世纪悄然登场。战争,成为欧洲新兴国家分庭抗礼的一种方式,然而,令人们寝食难安的不单只有自己的近邻。一个新的全球化时代正在到来,武器和战术的改进遍及全球。

剑拔弩张

中世纪的战争闪烁着刀光剑影。剑、匕首和斧头都是用钢锻造而成,这种邪恶的材料能够撕裂、刺伤和划破肉体。剑是与中世纪战争息息相关的武器,几个世纪以来,经历过各种改进。欧洲中世纪早期的剑,基本上只是用来攻击对手的,还缺乏许多元素,比如后来骑士剑上用来保护手部的夸张剑格。作战风格决定了剑在各地被改进的方式。大多数战斗都是在马背上进行的,因此像蒙古这样的

民族，使用的就是攻击目标时不易脱手的弯刀。

就中世纪的众多战斗而言，骑兵占了主导地位，但步兵仍然占有一席之地。骑在马上的战士，挥舞一把单手斧往往所向披靡，但许多步兵在战斗中却使用更大的双手斧。而在这一时期接近尾声时，出现了像瑞士长矛兵这样的战阵。大量装备有长矛、刺棒和戟（由斧头发展而来）的步兵上阵抵御骑兵的进攻。一旦敌方骑兵下马，弓箭手和步兵就会冲过来用匕首将他们干掉。

即使在剑拔弩张的时代，简单的兵器仍有用武之地。贝叶挂毯就描绘过奥多（Odo）主教挥舞着一根木棍骑马参战的情形。沉重的狼牙棒和战锤可以把敌人打得丢盔卸甲，狼狈逃窜。

从弓箭到火炮

弓箭手在中世纪军队中扮演着重要的角色，人数通常占参战士兵总数的一半以上。相对于早期的复合弓，欧洲人更青睐简单的长弓。使用长弓虽然需要大量的训练，但熟练之后，弓箭手每分钟可以射出12支箭，击中300米以外的目标。相比之下，在克雷西战役中，被英格兰长弓击退的热那亚弩，每分钟射频仅为3—5次。

当时的中国军队已经把弩用得出神入化。虽然弩的射程和速度不如长弓，但射出的弩箭对盔甲有更强的穿透力。中国人对弩的基本设计进行了改进，使其成为一种强大的兵器。连弩能让弓箭手只拉动一个控制杆，便可迅速装填箭杆。有些连弩还增加了瞄准器，以提高射击精度。

随着作为战略要地的城堡的发展，攻破它们的防御越来越需要动用技术力量。1200年左右，投石机出现在欧洲和中东军队中。人们通过使用带有长吊臂和配重的投石机，可以将重达90千克的弹丸投掷到300米之外的距离。几乎没有防御工事能经得起这种直接和持续的攻击。投石机可以完全绕过厚厚的城墙，把燃烧的投掷物扔到易燃的屋顶上，毁掉一座城池。而中国人发明的火药，又把弓箭和投石机永远赶出了战场。火药的改良开创了世界历史，开启了新的战争时代。

身披闪亮盔甲的骑士

马匹在战争中始终占有一席之地，但直到中世纪，它们才步入战争舞台的中央。马鞍和马镫的发明令士兵能够安全地骑马打仗，而不是简单地把马匹用作穿越战场的运输工具。骑士就是由此进化而来。成为骑士需要多年的训练，以及一大笔费用来添置装备。不过这一切都是值得的，因为在战斗中，骑兵的前进速度远比步兵要快得

火药

火药最早是由寻找长生不老药的中国人发明的。在中文中被称为"火药"的东西，具有无与伦比的致残力和杀伤力，从而使它成为人类吞下的最苦的"药丸"之一。

10世纪，火药首次被用于军事，以火箭的形式登场。当时，人们用带火药包的箭在城市里放火。后来经过改进，附加了火药管来推动箭的飞行。然而，鲜有证据表明这些早期的创新在战场上产生了重大影响。

不过，火枪永远改变了战争。它原本是一柄末端装有火药筒的长矛，用来吓唬敌人并引火烧敌。后来人们发现，在火药混合物中放入碎陶片和其他弹片，可以杀敌。蒙古士兵特别害怕火枪，也许是因为它们对马匹影响巨大。随着时间的推移，长矛被淘汰，但用火药发射投掷物的方式已经根深蒂固。

13世纪，中国人开发出来一种手持火炮，由一个小的金属管组成，通过点燃火药来发射石头、金属球或箭。后来，人们通过增大炮管和发射物的尺寸，制造出了更为强大的火炮。目前，还不完全清楚火药知识是如何传到欧洲的，但14世纪20年代的一个手稿提到了火炮——意大利历史学家乔瓦尼·维拉尼（Giovanni Villani）这样描述1346年克雷西战役中的火炮："英格兰火炮用火投掷铁球……它们发出雷鸣般的响声，打得敌人人仰马翻。"

多，而且骑兵可以通过冲锋来突破敌人防线，或进行快速包抄。骑兵可以携带剑、狼牙棒或斧头，但用长矛来驱赶敌人效果更佳。将长矛夹在腋下冲锋陷阵，能够将马匹的全部力量都集中在矛尖一点。

在定位进攻之外，骑兵还可以扮演优秀的散兵和侦察兵的角色。中世纪机动性最强的军队无疑是蒙古帝国大军。他们征服了广袤土地。他们的成功，很大程度上得益于从婴儿时期就开始的马术训练，以及其所拥有的众多马匹。一名士兵可能带着几匹战马参战，一匹马累了就换骑另一匹，由此推进的速度便可大大加快。高边马鞍和马镫可以支撑士兵的全部重量，这使得蒙古骑兵特别擅长快速变换阵形。他们不仅可以骑马挥剑，而且撤退时还能回头望月，在马鞍上转身射箭。

盾牌与围攻战

单兵盔甲形式多样。几个世纪以来，单块金属板被制成胸甲般的铠甲。它们保护性能极佳，但分量很重。其他类型的铠甲依靠坚韧的织物或

▲ 中世纪的战争最终可能演变成许多不同武器的混战。例如，欧赖战役开始时是一场围攻，但最终以一场血腥的混战告终

编织材料提供保护。从远古时代起，锁子甲就有了，尽管造价不菲。到了中世纪，盔甲的制作达到了巅峰期。钢板甲出现在13世纪。它由许多钢片连缀而成，非常轻。所以我们现在偶尔能看到的中世纪骑士身披一套笨重的盔甲、动弹不得的形象是不正确的。为了方便打仗，骑士需要全方位地运动。因为钢片交会处的缝隙可以被兵器刺穿，因此下面往往会穿上锁子甲。在训练有素的战马助力下，中世纪的骑士们的威力可以与坦克相提并论。

中世纪欧洲战争的一个特征是城堡的兴起。在10世纪，战乱频袭促使领主们纷纷加固自己的家园。最初城堡的保护主要依靠沟渠、土丘和栅栏，但它们很快就被厚墙环绕的石头城堡取而代之。而一条精心设计的护城河，则可以阻止敌人接近城墙，这样一来，城堡在紧急情况下便可成为避难的天堂。

随着城堡的兴起，许多扩疆拓土的战役变成了旷日持久的攻城战。城堡设计的不断完善使得它们愈加难以被攻克。同心圈的层层防御，意味着即使一个区域被攻破，守城者也可以从另一个位置发起反击。后来还出现了圆形塔楼，这种设计旨在使投石机抛掷的石头方向发生偏转。即使火药的出现也没能使城堡轰然倒塌。

一个新的全球化时代正在到来，武器和战术的改进遍及全球。

中世纪战争时间线

关键节点
希腊火
在一场与阿拉伯舰队的海战中，拜占庭舰队使用了希腊火（一种能在水上燃烧的易燃液体）攻击敌人。通过压力和热量的运用，希腊火可以射向任何目标。除在海战时大显神威外，希腊火还用来攻城和横扫战场。希腊火的配方曾是高度军事秘密，如今已经失传。希腊火显示了化学在战争中举足轻重的作用，并为炸药的到来铺平了道路。
672年

关键节点
火药
中国人发明的火药，很快就进入了许多国家的武库。不过在欧洲，由于制造火药的原材料难找，因此它的使用在早期受到了限制。火药的最初功效主要是吓唬敌人。然而，随着时间的推移，火药改变了整个战争的形态。在战场上，它可以被用来发射箭、子弹和炮弹；在围攻中，它可以通过重型炮弹的不断轰炸来摧毁保护城市和城堡的城墙。
11世纪

图尔战役
法兰克王国宫相查理·马特（Charles Martel）的军队阻挡了倭马亚王朝哈里发军队前进的脚步。他训练有素的步兵经受住了骑兵接二连三的攻击。这是几个世纪以来步兵最后一次以这种方式赢得胜利。
732年

维京长船
光滑、浅底的古代挪威长船既能乘风破浪、穿越海洋，又能搭载袭击者逆流而上。长船袭击过欧洲主要城市和沿海地区，也充当过大规模入侵的运兵船。
9世纪

挖掘作业
石头城堡的兴起，意味着攻城者需要采取新的方法来突破。通过在城墙和塔楼下面挖掘，然后摧毁形成的隧道，攻城者便可以令城堡坍塌。
12世纪

雇佣军
一些国家负担不起常备军费用，因此，战争之余的军人不得不另谋职业。于是他们自由组合到一起，为任何能给他们支付酬劳的国家卖命。
12—14世纪

马匹

像所有被驯养的动物一样，马也被刻意培育成了最能满足人类需求的形态。毕竟在战斗中，如果马匹不能承受全副武装的骑士的重量，那么它们就毫无用处可言了。通过精心培育，马匹的类型不一而足。在当年，人们按照最适合它们的任务来对马匹进行分类。战马（destrier）[1]是中世纪最著名的马，因其体型硕大又被称为"大马"，常被用于战斗和比武。这种马本身就可以成为战争武器。公马的攻击性踢腿和撕咬可以在近身格斗中发挥颠覆性作用。

在战斗中最常用到的是骏马（courser）。它们比战马更小、更轻、更快，也更便宜。较穷的骑士和士兵可能会训练兼用马（rouncey）用于作战，尽管在需要速度时这些马也会被征用。

轻骑兵骑乘的是小马（hobby）。这种马十分敏捷，速度很快，经常被散兵游勇用来骚扰敌人。而轻骑兵们都会轻装上阵，为了减轻负担，马匹也不披挂铠甲。

▲ 战马是骑士装备的重要组成部分。饲养和训练战马需要花费经年时间

现在我们偶尔能看到的、中世纪骑士身披一套笨重的盔甲动弹不得的形象，是不正确的。为了方便打仗，骑士需要全方位地运动。

关键节点
君士坦丁堡陷落
拜占庭帝国首都君士坦丁堡，是世界上戒备最为森严的城市之一。1453年，奥斯曼苏丹穆罕默德二世带着大约8万名士兵和70门火炮将其团团围住。其中一门火炮能将重达250千克的石弹发射到1英里开外。守军的小炮射程却远远不够。一连几个星期，奥斯曼的火炮不断向君士坦丁堡城墙轰击。在最后一次进攻中，摇摇欲坠的城墙倒塌，拜占庭帝国也随之土崩瓦解。
1453年

● **蒙古征服**
成吉思汗带领蒙古骑兵一路打到欧洲边缘。历代可汗通过马背上铁军的快速移动，来不断扩张其疆域。
13世纪

● **蜂巢火箭**
中国的"蜂巢火箭"是在早期的抛射战中对火药应用的实例。一个管子里装有数十支箭，每支箭上都有一个小火箭。这种火箭可以同时发射上千支箭。
14世纪

● **生物武器**
围困黑海之滨卡法（Caffa）的蒙古军队使用投石器将死于瘟疫的尸体越过城墙发射到城内。瘟疫很快流行开来，它还被商人不小心带回到热那亚和威尼斯。
1346年

● **阿金库尔战役**
法国骑兵一心想要踏平在数量上处于劣势的英军，反倒被占英军80%以上的弓箭手杀得片甲不留。远程武器的重要性由此凸显出来。
1415年

● **板甲**
骑士和士兵喜欢披挂这种可为全身提供保护的全套盔甲，穿上去仍可轻松地奔跑、跳跃和战斗。直到威力强大、可以洞穿钢铁的枪支出现，才让板甲退出了历史舞台。
15世纪

---

[1] destrier 指优良的战马。它不是马的品种而是等级。古代战马不仅需要速度快，还要有长途奔袭的耐力，而且身材高（制高点）、重心稳（以免人仰马翻），体型还不能大（目标小）。

► 这幅画描绘的是14—17世纪腰挎弯刀的土耳其骑士（timariot）

轻便弯曲的刀剑非常适合骑手在不损耗冲力的情况下挥砍，不像十字军骑士使用的直剑，更多靠的是蛮力而非剑锋。

土耳其弯刀

7世纪

在11世纪土耳其移民安纳托利亚、12世纪十字军东征之后，欧洲人才与弯刀邂逅，但中亚的游牧民族突厥人最早使用弯刀至少可以追溯到7世纪。

为了供骑士在马背上使用而设计的轻便弯刀，非常适合骑手在不损耗冲力的情况下挥砍。相比之下，十字军骑士使用的直剑，在刺杀时更加消耗体力（就连拔剑都费力），因为它更多靠的是蛮力而非剑锋。

大马士革钢刀的制作工艺引人注目，极易辨认。它们在不损失强度或锐度的情况下韧性十足，令人垂涎。

▲ 16世纪土耳其对625年乌胡德（Uhud）战役中"先知军队"的描绘。注意，骑兵都配备了弯刀

·71·

◀ 这块14世纪的德国立盾上面布满了十字弓射出的箭孔

法国劲弩

12 世纪

十字弓最早出现在公元前18—前15世纪，但直到12世纪才开始取代手弓（英格兰长弓除外，14世纪末期仍在使用）。这是由于使用了具有更高强度的钢臂和更加复杂的弩机装置，从而将扭力蓄力增加到了可以与长弓相匹敌的程度。这些新的、更重的弩，因装填箭矢比移动弓箭更为费时，影响了弩手的作战方式——在战场上，他们经常得背着一个大立盾（pavise），以便必要时将其插在地上作为掩护。

> 这些新的、更重的弩，因装填箭矢比移动弓箭更为费时，影响了弩手的作战方式。在战场上，他们经常得背着一个大立盾。

中世纪的武器

▶ 这幅18世纪的插图描绘了一位背着立盾的弩手

中世纪的武器

维京长船

9 世纪

狭长、轻型、浅体的维京长船，使得袭击者可以毫无预兆地迅速发起攻击——轻型意味着水手可以将它们抬起携带，而浅体则能使长船顺流而下，深入内陆作战。

虽然它不完全是一种战争武器，毕竟许多长船是为了贸易或探险而造，但挪威人自己十分清楚他们的长船令人谈之色变。他们还在船头上雕刻了怪异的图案，以至于盎格鲁—撒克逊人戏称它们为"龙船"。

尽管维京长船很少被用于舰对舰的作战，因为没有船只能比它们更快，但有记载称，在10世纪多艘长船曾连接在一起，形成一个作战平台。

▲ 该雕刻描绘了维京长船在河上航行的场景

堞口

13 世纪

堞口（又称雉堞）的制造灵感来源于叙利亚伊斯兰堡垒上类似的防御箱，它很快在短命的十字军国家修建石头城堡时被采用，不久便风靡法兰西、西班牙、罗兹岛（Rhodes）、马耳他和英格兰。

13世纪，这些突出的石头堞口（最初的雉堞是木制的）开始大量出现在法兰西的城堡设计中。守城者在被围困时，可以向攻城者扔石头或直接倾倒滚烫的油或开水，同时自身还能得以掩护。

▲ 葡萄牙皮涅尔（Pinhel）城堡北塔楼上的堞口

中世纪的武器

▼ 这幅画描绘的是1229年十字军夺回耶路撒冷时的场景，塔楼上的堞口清晰可见

经典大战

阿金库尔战役

长期休战后,亨利五世大军操起长弓启航扑向法兰西。百年战争重燃在即

加莱海峡,法国,1415年10月25日

杰克·格里菲斯 / 文

除了强烈的征服欲之外,亨利五世还具备了成功入侵的理想条件。

格雷厄姆·特纳(Graham Turner)所绘的《阿金库尔战役》

▼ 尽管按照骑士的规矩,任何战场的选定都应当不偏不倚,但阿金库尔的地理位置显然对英军更有利

到1415年夏天，法兰西已经夺回了曾被英格兰的爱德华三世征服的大部分领土。而对于英格兰来说，虽然他们仍控制着阿基坦和加莱，但几乎已被完全赶出了诺曼底和佛兰德斯。此时的亨利五世，已经在英格兰王位上坐了两年。这位英勇的国王一心想亲手收复法兰西的大片土地。

最初，从曾祖父爱德华三世那里继承法兰西王位的亨利五世，试图向法兰西提供160万克朗以换取他们对英格兰统治的承认，并勒令法兰西为其在1356年普瓦捷战役中虏获为人质的法兰西国王约翰二世的遗体支付赎金。如此条件苛刻的谈判不出所料地失败了，于是亨利五世转而诉诸武力。

除了强烈的征服欲之外，亨利五世还具备了成功入侵的理想条件。尽管新近有人密谋推翻他的统治，但亨利五世有贵族们的力挺，国内形势总体平稳，不过也许最重要的是，欧洲大陆出现了动乱。

法兰西国王查理六世动辄精神错乱，1407年，他混乱的统治导致瓦卢瓦王室中敌对派系的形成。奥尔良公爵、国王的弟弟路易在巴黎被勃艮第人谋杀，内战已近在咫尺。事实上，法兰西在1389年打败英格兰之后，就陷入了一片混乱。亨利五世箭在弦上，准备进攻。

入侵开始

踌躇满志的亨利五世从南安普顿出发，深信自己能把英法两国的王位统一起来。他坚信英格兰人拥有法国王冠是其与生俱来的权利，也是上

两军对垒

英国
统帅
亨利五世
军队
约500—1000名披甲士兵和7000名弓箭手
扭转战局因素
英格兰长弓的威力和射速从克雷西时代起就得到了提升

法国
统帅
夏尔·德·阿尔布雷特一世
军队
约1.23万名披甲士兵和骑士，还有弩炮和大炮
扭转战局因素
人多势众的法军身披坚硬的防箭板甲，击溃英军防线

帝的旨意。8月14日，他指挥8000名弓箭手和2000名士兵在诺曼底登陆。这些人和他签订了为期12个月的服役合同。刚一抵达，亨利五世便率先上岸，双膝跪地，祈求上帝赐予他打击敌人的力量。

英军的作战计划从包围附近的哈弗勒尔镇开始。入侵从一开始就出师不利。围攻时间比预期的要长得多，遭到了法兰西军队一个多月的激烈抵抗。当哈弗勒尔最终于9月22日投降时，战役季几近结束。由于英军需要为在加莱过冬做准备，攻占巴黎和波尔多的计划被搁置。炮兵、1200名士兵和大部分行李车队留守，余部向北朝160千米外的加莱进发。出发前，亨利五世与加莱总督威廉·巴尔多夫（William Bardolph）爵士取得联系，要求他守护好自己选定的索姆河

> **刚一抵达，亨利五世便率先上岸，双膝跪地，祈求上帝赐予他打击敌人的力量。**

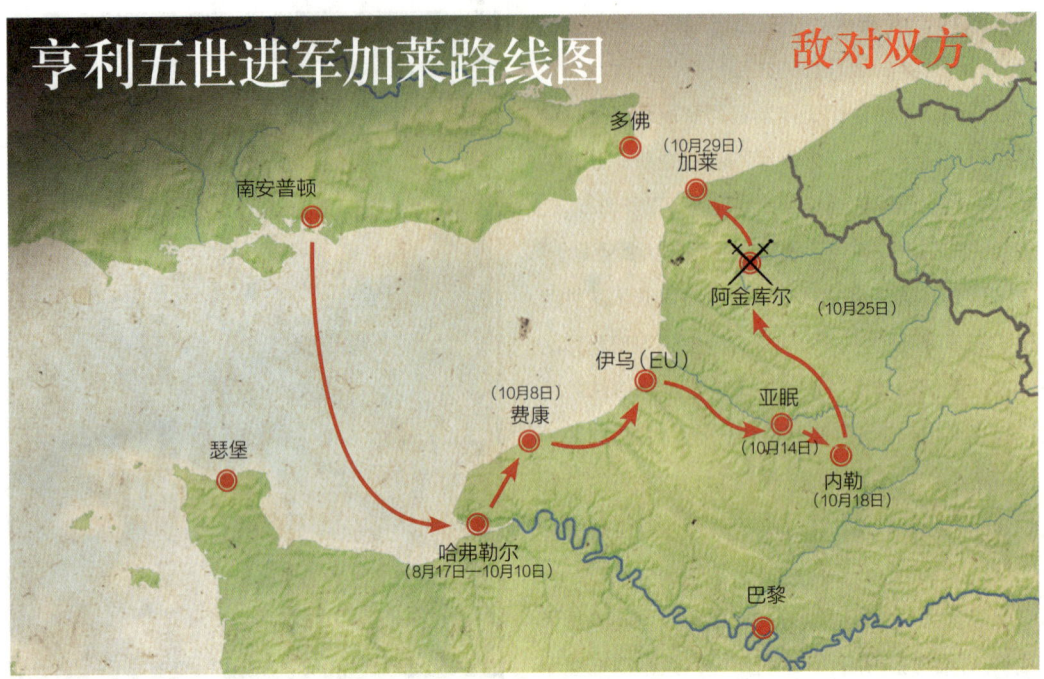

渡口——1346年，爱德华三世就曾在这里率军过河。

自从哈弗勒尔沦陷后，法国人就一直在追踪英格兰人。查理六世征召王国各地的骑士来与亨利五世的军队交战，他致函王国的每一位贵族，集结起了一支庞大的军队来迎战侵略者。所有的武器和火炮都从城防工事中被撤出、投入战场。尽管在征兵方面起到了重要作用，但国王却不愿御驾亲征。在国王缺阵的情况下，法兰西军队由元帅布锡考特（Boucicault）和治安官德·阿尔布雷特（d'Albret）调遣。法军主力驻扎在附近的鲁昂，但眼见亨利五世大军向加莱开拔却袖手作壁上观。英军浩浩荡荡，没有一个城镇或村庄敢与其分庭抗礼，而英军也没有抢劫的必要，因为所到之处法国人都会主动为英军的士兵和马匹提供补给。

德·阿尔布雷特和他的部下打算在他们的阿布维尔和亚眠据点附近与英格兰人交战。爱德华三世在克雷西取得重大胜利的战场离此不远，法国人渴望在失利69年后，于同一块土地上复仇。然而，这个想法并没有实现——法国人在索姆河截住了英军的去路。

亨利五世率部抵达河口时，没有看到巴尔多夫总督的人影。但令他诧异的是，法军在主桥上设置了路障。亨利五世不得不坚定信心，调动部队，改道前往另一座桥梁。终于渡过索姆河之后，他们在距加莱48千米的地方与法军遭遇。经过两天远离安全地带的行军，英军距离戒备森严的法兰西小镇埃丹已经不远。他们要求该小镇为英军留出一条前往加莱的安全通道，却遭到了拒绝。随着庞大的法军从地平线那边涌来，一场鏖战已无法避免。战役地点将会是特拉默库尔（Tramecourt）村和阿金库尔村之间的一片森林。

岭上集结

精疲力竭、疾病缠身的英格兰军队已经行进

了17天，完全不在战斗状态。加上连续多日不得不以坚果、生菜和污水果腹，战斗前夕，营地里的英军士气十分低落。相比之下，法军营地则欢声笑语，充满活力。新来的士兵准时到达。他们熬夜赌博、饮酒，认为次日必胜无疑。一些士兵甚至自信到，为亨利五世的尸体特制了一辆手推车，以便凯旋后，推着它在巴黎街头招摇。

次日清晨很是湿冷，此时冬季已经临近。前夜一场大雨过后，士兵们脚下刚犁过的土地就像一个巨大的泥坑。天亮前，英格兰弓箭手在小山脊上就位，在那里不仅可以置身步兵战阵核心，而且还能够俯瞰敌我双方的战场。

虽然这是一支英格兰军队，但许多弓箭手却是威尔士人。长弓最早在威尔士被大量使用，所以军中的顶尖弓箭手都来自那里。500名站成队列的披甲武士与弓箭手并肩作战。他们中的许多人原本都是普通人，而非久经沙场的老兵。眼见人数是他们五六倍之多的法军在对面越聚越多，他们不免紧张忐忑。

头戴王冠和羽饰头盔的亨利五世不断地鼓励部下，并与他们并肩作战。他负责阵中；托马斯·厄平厄姆（Thomas Erpingham）爵士统领右翼；卡莫伊斯（Camoys）勋爵督战左翼。茂密的森林将两军局限在一个900米宽的逼仄空间内。但法军确信，他们的骑兵仍有回旋余地并最终包围英军，让他们的弓箭手四面楚歌、腹背受敌。法军分为三线作战，即前锋、主力和殿军。前锋骑马，主力和殿军都是步行。德·阿尔布雷特、布锡考特与波旁公爵和奥尔良公爵领衔前锋。

法兰西人深知长弓的厉害，为此，从克雷西时代起就升级了他们的盔甲。现在，他们身披厚钢片，头戴面罩头盔。每名骑士的盾牌上都装饰着令他自豪的盾徽，法兰西战旗在空中猎猎飘扬。作为回应，英格兰士兵携带的弓比爱德华三世征服时所使用的弓威力要大得多。双方的高级步兵都使用双手剑，但大多数士兵携带的还是单手剑或长矛，甚至还有狼牙棒、锤子和棍棒等钝器。

亨利五世出击

因为两军指挥官都不愿意先发制人，起初，双方都在对阵叫骂。法军不肯前进一步，因为布锡考特心里格外清楚，如果英格兰人再拖下去不吃东西，他们就会饥肠辘辘。亨利五世对此也心知肚明。最后，他孤注一掷，命令弓箭手前进。

弓箭手俯下身来亲吻了大地之后，便向前推进，直到距离敌人防线200多米。训练有素的弓箭手可以在200米外射穿盔甲，杀死或射伤目标。当英军弓箭手前进时，法军却没有攻击他们，这是法军犯下的第一个错误。虽说德·阿尔布雷特和布锡考特战斗经验丰富，但毕竟他们不是国王，不像亨利五世那样受到部下的拥戴和尊重。

对法军来说不幸的是，他们的国王查理六世仍在巴黎，由于精神健康每况愈下，他无法亲自统率军队。而在阿金库尔，几队英格兰弓箭手神不知鬼不觉地穿过战场周围的森林，进入附近的特拉默库尔村，为英军创造了另外一个攻击角度。阵中的弓箭手毫不畏惧，运用从以前战斗中习得的战术，先把木桩钉在地上，巩固自己的阵

战场一片狼藉，倒下的士兵被踩在泥里，由于筋疲力尽，无法再站立起来。

经典大战
阿金库尔战役
1415年10月25日

01 军队集结
两军对峙在一片狭窄的森林空地上。铺天盖地的法军分成由骑士和披甲士兵组成的3部分。英军的兵力相形见绌,只能把取胜的希望寄托于弓箭手的战斗力上。

02 先骂后打
两军士兵在新近犁过的田野上互相骂阵。亨利五世和德·阿尔布雷特都不愿意采取主动。法军想把英军饿死,而亨利五世深知,局促的战场恰好可以让自己的手下扬长避短。

04 法军骑兵发起冲锋
当英军弓箭手在暴露状态下向前推进时,法军并未趁势发起进攻,直到后来才动用了骑兵和紧随其后的步兵,向英军逼近。

03 英军前进
法军按兵不动,亨利五世只好主动出击。他命令弓箭手前进,在法军阵前站稳脚跟。在木桩的防卫下,他们开始用箭向法军发起攻击。

07 袭击行李车队
看到英军掌握了战场上的主动权,法军派出一支辅助部队,袭击了英军行李车队,打了亨利五世一个措手不及。亨利五世一气之下屠杀了法军战俘作为报复。因为法军此时已经开始溃逃,突袭已无济于事。

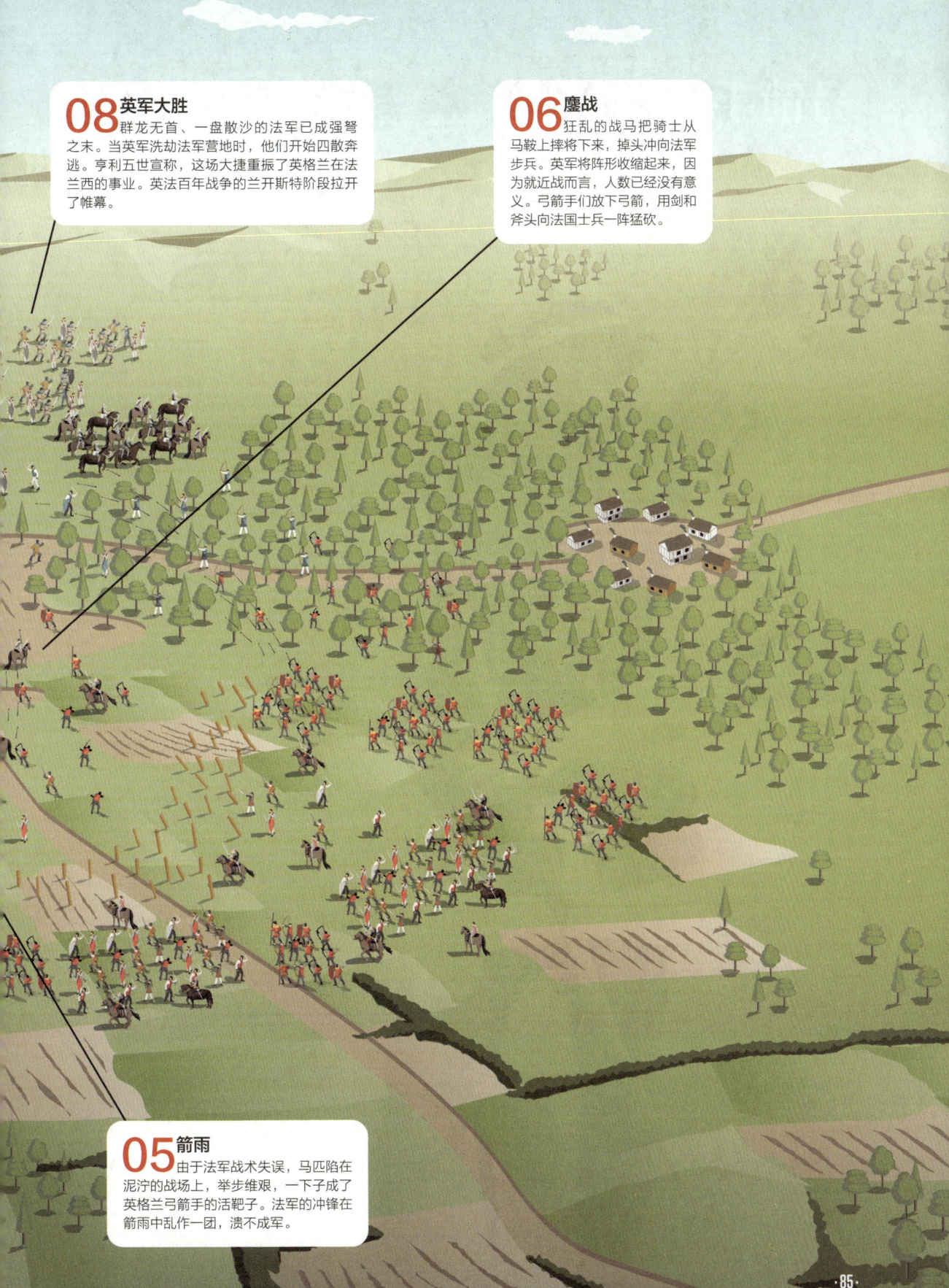

08 英军大胜
群龙无首、一盘散沙的法军已成强弩之末。当英军洗劫法军营地时,他们开始四散奔逃。亨利五世宣称,这场大捷重振了英格兰在法兰西的事业。英法百年战争的兰开斯特阶段拉开了帷幕。

06 鏖战
狂乱的战马把骑士从马鞍上摔将下来,掉头冲向法军步兵。英军将阵形收缩起来,因为就近战而言,人数已经没有意义。弓箭手们放下弓箭,用剑和斧头向法国士兵一阵猛砍。

05 箭雨
由于法军战术失误,马匹陷在泥泞的战场上,举步维艰,一下子成了英格兰弓箭手的活靶子。法军的冲锋在箭雨中乱作一团,溃不成军。

弓箭手

来自英格兰和威尔士的弓箭手是英军的中坚力量

箭
有许多不同类型的箭头可以与长弓搭配使用。最常见的是锥形箭头，大多数箭矢都能穿透最坚硬的板甲。

长弓
长弓由紫杉、梣木、橡木或桦木制成，起源于威尔士。阿金库尔战役时期，长弓是中世纪战场上令人闻风丧胆的武器之一。

铠甲
弓箭手不像披甲士兵，除了穿一件熟皮夹克、偶尔戴顶头盔外，几乎不着片甲。他们以灵活迅捷的战术制敌。

辅助武器
在近身格斗时，弓箭手会放下箭，用剑、斧和棍棒进行攻击。这是不得已而为之，因为他们远距离的杀伤力更大。

训练
只有训练有素的弓箭手才能在使用长弓时游刃有余。在星期天，弓箭手除了练习箭术，不得进行任何活动，最有天赋的人才能最终入伍服役。

战术
弓箭手很容易成为骑兵攻击的目标，所以他们须从远处攻击敌人。每名弓箭手携带60—70支箭，可以连续攻击约6分钟。

▶ 由于没有盔甲防护，弓箭手经常被部署在壁垒后面，或置身防护严密的战阵中

阵中的弓箭手毫不畏惧,运用从以前战斗中习得的战术,先把木桩钉在地上,巩固自己的阵地。

地。上午11时,奉国王之命,英格兰弓箭手们率先开战。作为回应,法军骑兵开始冲锋,纷至沓来的是披甲士兵。

弓箭手首先射出钝箭头,故意射伤和迷惑法军,然后才换上标准的锥形箭头。在英军的箭雨中,受惊受伤的战马失去控制,法兰西骑士纷纷倒毙。冲在前面的马匹被木桩刺穿,掉头逃窜的马匹则与迎面而来的披甲勇士撞个满怀,一时间攻击受阻。只见战场上马蹄乱翻,步兵痛苦而缓慢地向前行进着。他们被箭墙般的攻击挡住了去路,而这片区域又如此狭窄,以至于法军弓箭手和炮兵皆无法向孤立无助的步兵伸出援手。

当法军的攻势刚一触及英军阵营,英军的防线便开始在压力下收缩起来。英军知道离开狭小的战场会导致全军覆没,于是将部队集结起来,弓箭手放下箭,拿起了剑和斧头。虽然法军披甲士兵有厚厚的板甲保护,但灵活的英格兰弓箭手故意利用剑和长矛缩短了他们的攻击距离,专挑没有板甲防护的软肋之处下手,而庞大的法军则拼命挥舞着他们的大刀作战。战场一片狼藉,倒下的士兵被踩在泥里,由于筋疲力尽,身上又披着50千克重的盔甲而无法再站立起来。任何一个倒地的法军士兵,因为遭到战友的践踏,最终都会溺死在泥水里。

▲ 法军阵中,贵族们你推我搡地争夺空间,以便在战斗中有地方施展他们的盾徽,结果造成一片混乱

没过半个小时，3条法军战线中的两条已被完全摧毁。阿伦松（Alençon）公爵和法军指挥官德·阿尔布雷特全都葬身泥地。英军方面，约克公爵和萨福克（Suffolk）公爵阵亡，但亨利五世和格洛斯特（Gloucester）公爵兄弟俩幸存了下来。在鏖战之际，亨利五世英勇地护住了格洛斯特公爵。

包围失败

在目睹了此惨烈的战斗之后，对当地情况了如指掌的伊桑巴尔·德·阿金库尔（Isambart d'Agincourt）和罗伯特·德·布农维尔（Robert de Bournonville）决定抄英军的后路，他们还找到了被英格兰人在入侵期间捕获的俘虏。这支由农民和骑士组成的小分队很快就压制住了有限的英格兰守军，洗劫了英军营地，抢走了马匹，甚至还有王冠。

义愤填膺的亨利五世担心法军会发动大规模反击，于是下令处死所有俘虏，只留下最高等级的贵族。英军披甲战士抗旨不遵，因为这有违他们的骑士操守，于是弓箭手取而代之，冷血地处决了俘虏。鉴于英格兰军队中的俘虏数量已经很多，亨利五世这种下意识的反应有效地消除了暴动的可能性，却极大地减少了战后索要赎金的机会。

在前线，由马尔莱（Marle）和福克姆贝格（Fauquemberghes）伯爵指挥的600人的反击被证明是一场灾难。这一挫败彻底压垮了法军，剩下的法兰西部队全线撤退。8000名法兰西士兵（其中包括参战贵族的三分之一）阵亡，而英军的死亡人数只有几百人。最终，英军克服了艰难险阻，打赢了这场战役。

结局

大获全胜后，英格兰人欣喜若狂，开始引吭高歌早期创作的《阿金库尔颂歌》和传统的欢庆胜利的旋律。事实证明，法军犯下了一系列致命的错误，战斗地点的选择使他们基本丧失了人多势众这一优势。假设法军骑兵能倾巢出动发起进攻，即便是英军熟练的弓箭手，一分钟最多也只能射出6支箭，况且英军的披甲士兵根本无法阻挡法军冲锋的脚步。

亨利五世的手下洗劫了法军大营，法国士兵四散奔逃，阵亡士兵身上所有值钱的东西都被掳掠一空。当晚，国王在附近的梅森塞勒（Maisoncelles）举行了祝捷宴会，为宴会提供服务的是那些已成为阶下囚、饱受羞辱的法兰西骑士。曲终人散之后，疲惫不堪的英格兰士兵因缺乏攻城武器而无法向巴黎进军。10月29日，

▲ 与法军不同的是，英军披甲士兵和骑士都徒步作战

▲ 胜利之后,亨利五世下令在战场上举行感恩仪式

英军披甲战士抗旨不遵,因为这有违他们的骑士操守,于是弓箭手取而代之,冷血地处决了俘虏。

他们撤回安全地带加莱。尽管英军在阿金库尔险胜,但战果乏善可陈,而且查理六世仍然大权在握,法军终归在战场上溃不成军。这时,哈弗勒尔已是英格兰的囊中之物,它在1417年成为亨利五世第二次入侵诺曼底的桥头堡。与此同时,因为法兰西王国开始四面树敌,勃艮第公国仍然拒绝与瓦洛瓦王朝达成协议。

尽管斩获颇丰,英格兰贵族们对代价高昂的冬季作战表示出了担忧,鉴于此,亨利五世乘船班师,再次受到英雄般的欢迎。阿金库尔战役的败北使法国人对大战畏首畏尾,进而促成了英格兰在1416年塞纳河战役和1418年鲁昂围城战中的胜利。1420年,英格兰得以与法国签订《特鲁瓦条约》,条约中承认亨利五世为摄政王和法兰西王位继承人。

虽然亨利五世对法兰西的征服凯歌高奏,但王国财政由此承受的压力也开始显现出来,这种压力使兰开斯特王朝在亨利五世晚年时开始走向没落。

1422年,亨利五世去世,这意味着他从未正式成为法兰西国王。在其突然离世后,英格兰在欧洲大陆的命运也急转直下。当玫瑰战争在英格兰爆发时,法兰西的控制权从年轻的新国王亨利六世手中滑落。这时,蜚声遐迩的阿金库尔胜利已成明日黄花,圣女贞德时代和法兰西军事力量的回归就在眼前。

王室战略

关于英格兰国王的战略和法国人的犹豫不决，听听马修·本内特（Matthew Bennett）博士怎么说

桑赫斯特皇家军事学院高级讲师马修·本内特博士最近刚刚退休。他是一位中世纪军事史学家，曾为举办于伦敦的阿金库尔战役600周年纪念展提供记述文本。著有《阿金库尔：排除万难》（鱼鹰出版社，1991年）等书，发表过数篇关于英法百年战争中弓箭战术的专题研究论文。

1415年亨利五世的作战计划与1346年爱德华三世的克雷西战役有何不同？

毫无疑问，亨利五世受到了他曾祖父过往胜仗的启发。爱德华三世通过瑟堡半岛入侵诺曼底，洗劫了卡昂后，朝巴黎北部挺进，向法兰西国王发起了挑战。随后，他北撤至普瓦图（Poitou），在克雷西大获全胜。翌年，他包围了加莱港桥头堡。与其形成对照的是，亨利五世在塞纳河口的哈夫勒尔登陆，经过艰苦围攻，最终将其拿下，然后向加莱挺进。

这次计划中的远征得到了英格兰王室和贵族的赞同吗？

总的来说，在法兰西土地上进行的对法战争是军事贵族们所希望的，因为它提供了获得荣誉、掠夺财富和占领土地的机会。理查二世曾对法兰西采取的和平政策并不受欢迎，它是1399年亨利·博林布鲁克（Henry Bolingbroke）起事篡权的一个重要因素。1403年，年仅16岁、尚未登基的亨利在什鲁斯伯里的第一次战斗中便证明了自己的英勇，当时他被一支箭矢射中了脸颊。作为国王，亨利五世不仅赢得了贵族和伦敦金主们的支持，而且还得到了伦敦市市长理查德·惠廷顿（Richard Wittington）的重金资助。

长期围攻哈弗勒尔对亨利五世的目标和计划有何影响？

1.2万人的英军于8月中旬登陆哈弗勒尔，随后对其进行了长达1个月的围攻。虽然法国守军只有区区300人，但哈弗勒尔镇的城墙和24座塔楼可谓固若金汤，此外还有向海一侧的沟渠和护城河协防。攻城炮兵用火炮和牵引炮猛轰由木制屏障防护着的城墙大门。由于攻城部队卫生条件恶劣，导致痢疾流行，使大约2000名英军将士死亡或丧失作战能力。9月18日，当哈弗勒尔终于投降时，亨利五世的计划也严重受挫。

我们应该如何理解亨利五世本来是打算向南进军波尔多和吉耶纳的？假如他那样做了又会怎样？

英格兰王室在阿基坦也拥有土地，因此向南进军会突显与这些古代领土的关联。然而，由于是年时间已晚，作战需要大量的后勤保障。这种被称为"骑掠"（chevauchée）的远征，可能具有象征影响，在爱德华三世统治后期，曾经有过几次这种性质的远征，但最终都铩羽而归。法

▲ 英格兰所铸的亨利五世半便士。亨利五世的军事行动令英格兰财政捉襟见肘

兰西人已经学会了不与英军硬碰硬地对抗，而是不停地进行袭扰，同时切断英军的粮草供应，因此，亨利五世会面临极大的风险。

为什么亨利五世率军经陆路去加莱，而没有选择走更为安全的海路？

这正是亨利五世的首席顾问们向国王提出的问题！他们担心，联合起来的法兰西军队会给英军来个"瓮中捉鳖"。而亨利五世选择陆路而非水路的原因，不外乎就是宣示在其统治的国家里，自己有权想去哪儿就去哪儿；还有可能是因为他在谋划一场对法决战，就像69年前爱德华三世所做的那样。

▶ 马修·本内特博士定期举办关于中世纪战争的讲座

在抵达阿金库尔前，英军与法军有过冲突吗？如果有的话，有什么值得一提的吗？

法军并没有解救哈弗勒尔的意思，只是在英军出征的时候进行了尾随跟踪。他们把宝押在了封锁索姆河的桥梁和渡口上。面对前路受阻，亨利五世被迫带领部下向东南方向前进，偏离了通往加莱的直达路径。英军的补给很快便耗尽。后来英军成功在佩隆（Péronne）附近过河。这里距离目的地还有一周的路程，但法军仍然避而不战。

亨利五世有没有考虑过减少损失，迷途知返？是否发生过兵变或逃跑？

史料中没有确切的记载。鉴于英军在阿金库尔大获全胜，任何不利细节都不太可能被记录在案。一位牧师目击了这场战役。他在《亨利五世战绩》一文中，确实承认过英军士兵常常感到惶恐不安。然而，亨利五世军纪严明，抢劫者一律被吊死示众。况且士兵们也明白临阵脱逃、任由愤怒的法兰西农民发落，远比勠力同心、同仇敌忾要危险得多。

人多势众、坐拥本土作战优势的法军为何面对英军时犹豫不决、退避三舍？

这个问题很关键。首先，法兰西仍然采取的是非对抗性战略。其次，他们希望不战而屈人之兵。再者，或许是因为他们实际优势并不明显。这些当然是安妮·柯里（Anne Curry）教授在其著作《阿金库尔：新历史》中的观点。她对英国文献记录的研究表明，英军可能有9000人。相比之下，法兰西正深陷内战之中，国王癫狂，勃艮第派和阿马尼亚克（Armagnac）派纷争不断。法军指挥官貌合神离，士兵根本没在作战状态。因此，虽然人多势众、装备齐整，但拙劣的作战计划并没有使他们的优势真正发挥作用。

在阿金库尔战役前夕，英军处于什么状态？

带着一周口粮出征的英军已经在路上跋涉了16天，他们只好用坚果、浆果和脏水充饥。安妮·柯里教授指出，尽管没有史料支撑他们患有腹泻的说法，但可能性极大。据记载，弓箭手将长筒袜（绑腿）卷到了膝盖处。本来已经十分虚弱、绝望透顶的英军，却在身先士卒的国王的感召下，赢下了这场战役。

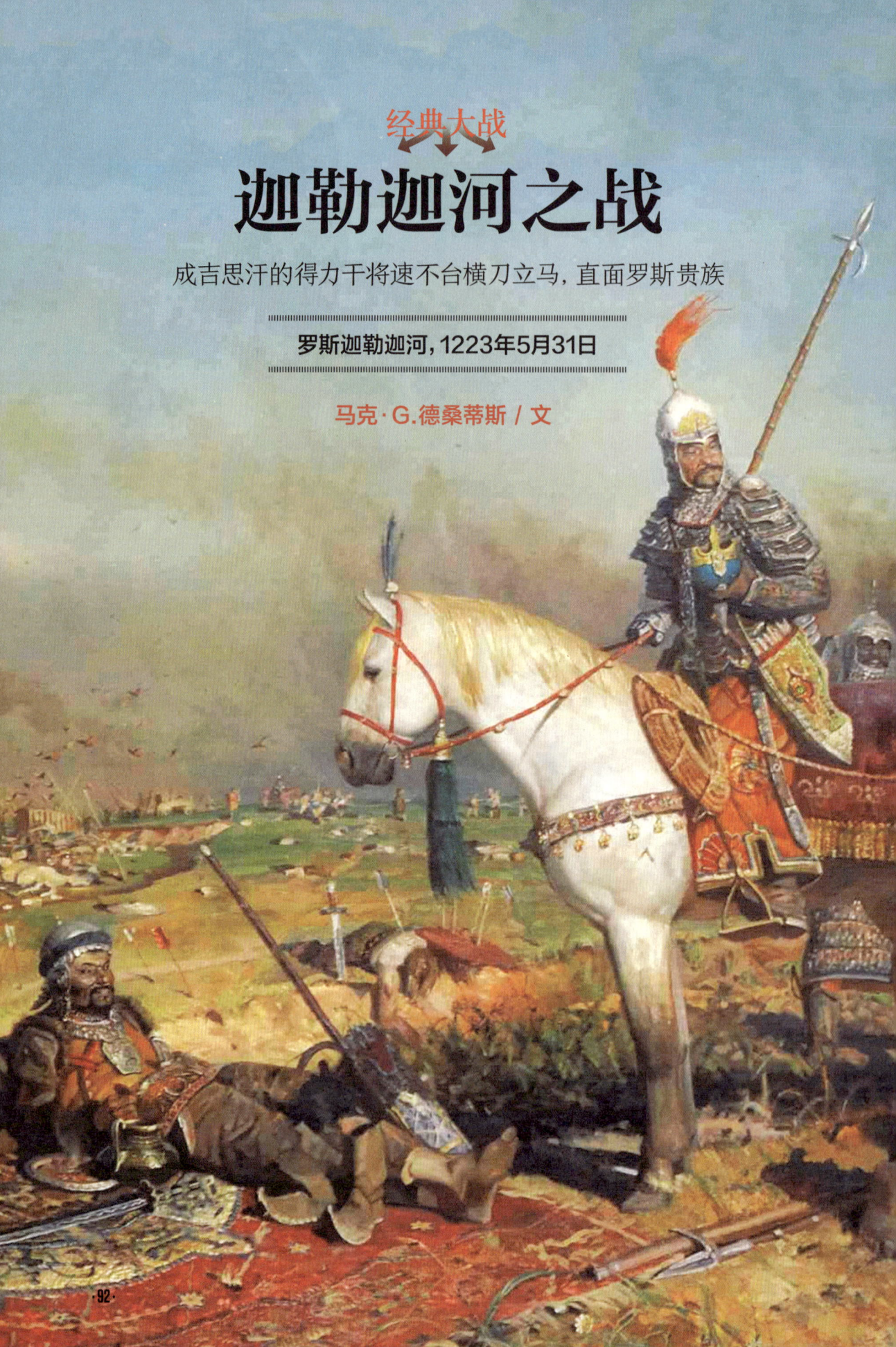

经典大战

迦勒迦河之战

成吉思汗的得力干将速不台横刀立马,直面罗斯贵族

罗斯迦勒迦河,1223年5月31日

马克·G.德桑蒂斯 / 文

▼ 基辅大公姆斯蒂斯拉夫被俘,他的部下在向蒙古人投降后遭到屠杀

两军对垒

⚔ 蒙古军队

统帅
速不台
哲别(Jebe Noyon)

总兵力
2万人,都是骑兵

— 对阵 —

⚔ 罗斯大军

统帅
加利西亚王公姆斯蒂斯拉夫
沃里尼亚王公丹尼尔·罗曼诺维奇
基辅大公姆斯蒂斯拉夫·罗曼诺维奇
钦察部长忽滩及其他指挥官

总兵力
8万骑兵和步兵,其中大约只有四分之一受过军事训练

成吉思汗笃信将蒙古族团结起来是他的神圣使命，而这一使命最终扩展到了全世界。

贯穿中世纪的历史，无论是在东方还是西方，成吉思汗都宛若一个高耸的巨人形象。凭借一支具有无与伦比的机动性和紧密协作能力的铁军，他在短时间内征服了广袤的领地，建立了有史以来最大的陆上帝国之一。他的帝国堪称国运长久，在其死后及后嗣的分封中仍然存续了两个多世纪。

早期成吉思汗可谓命运多舛。生于1162年前后的他，小时候叫铁木真，12岁时父亲惨遭敌对的塔塔尔人毒手，他便成了一家之主。父亲昔日的蒙古拥趸不愿意鞍前马后地追随一个小男孩，于是，铁木真及其母亲和兄弟经历了一段艰难时期。为了安全起见，他们躲进了深山。铁木真靠打猎和捕鱼养活着一家人。虽然铁木真的早年生活极其艰苦，但粗糙的生活也将他磨炼得更加坚强。他也拥有了追随自己的队伍，并娶了一位名叫孛儿帖的女人为妻。当发现妻子被蔑儿乞惕人抢走后，铁木真勇敢地把她从绑匪手中解救了出来。

为报杀父之仇，铁木真与克烈部脱斡邻勒王汗结盟，无情地粉碎了塔塔尔部。后来，由于和脱斡邻勒之间出现了裂痕，铁木真被赶得远远的，身边剩下的追随者寥寥无几。然而，克烈部人建立起来的强大联盟很快瓦解，铁木真又杀回来一决高下。他一举打败了克烈部，脱斡邻勒逃之夭夭。随着老王汗的烟消云散，剩下的克烈部人欣然接受了他们的新可汗铁木真，并称他为成吉思汗。

成吉思汗开始有条不紊地把蒙古草原的所有部落都纳入他的统治之下。1206年，他召开大会（这种大会在蒙古语中称作"忽里勒台"），并在会上宣布自己为全体突厥和蒙古族的大汗。成吉思汗笃信将蒙古族团结起来是他的神圣使命，而这一使命最终扩展到了全世界。

▲ 这幅作品描绘了在一边倒的迦勒迦河之战中，蒙古骑兵攻击溃不成军的联军

1207—1209年，附近的突厥部落被粉碎，盘踞中国北方的西夏和金朝遭到攻击，西夏投降。尽管1215年燕京中都横遭洗劫，但金朝还是凭借坚壁固垒成功地抵御了蒙古人。此时蒙古攻城武器的战斗力仍然非常有限，因此，成吉思汗暂时将目光转向了其他地方。

在西部镇压了哈剌契丹族之后，成吉思汗以蒙古商贾和使节遭到谋杀为借口，1219年举兵入侵富庶的、位于中亚河外地区的花剌子模国。花剌子模国的军队虽然规模较大，但蒙古大军得益于坚韧的草原小马超强的机动性，能够快速行动。花剌子模国要地接二连三失守，城池被付之一炬，百姓惨遭涂炭。

当蒙古铁骑一路绝尘继续向今天的阿富汗和伊朗东部挺进时，同样可怕的场景一再上演。蒙古人特别擅长威慑敌人。他们蓄意施行的恐怖策略给敌人造成的十足恐惧，往往能使敌人放弃进一步的有效抵抗。成吉思汗部下在1221年、攻陷花剌子模国时所导致的死亡和破坏令人毛骨悚然。人们有充分的理由认为成吉思汗是血腥的"毁灭者"。一位名叫马修·帕里斯（Matthew Paris）的英国僧侣后来用凌厉的笔触写到了蒙古人："他们身上充斥着野兽的天性……他们嗜血成性。"蒙古人入侵时所展露的难以言喻的残酷，很快便在其他国家传开。后来，印度北部遭到野蛮袭击。1223年，一支强大的蒙古军队出现在罗斯（Rus）边境，对欧洲进行大规模侦察性突袭。

被蒙古人袭击的罗斯，与其后来变成的庞大沙皇帝国相去甚远。随着瓦兰金罗斯人（Varangian Rus，即斯堪的纳维亚半岛的维京人）定居，罗斯国始建于8世纪。他们利用罗斯西部的众多河流作为水上通衢，与远在南部的拜占庭进行贸易。罗斯人最终扎下根来，北欧人留里克（Rurik）和他的两个弟弟成为该地区斯拉夫部落的王公。因此，罗斯人以自己民族命名了此地，它成为今天俄罗斯的起源。

罗斯最重要的北方城市是诺夫哥罗德，最重要的南方城市则是基辅。斯堪的纳维亚半岛的瓦兰金人，因与当地部落民族通婚而被斯拉夫文化同化。9世纪末，在拜占庭传教士的监护下，异教徒罗斯人开始皈依东正教。公元988年，基辅大公弗拉基米尔一世接受了基督教洗礼，并强令他的臣民皈依这一新的信仰。这个最早的罗斯国，即基辅罗斯，在接下来的几个世纪里稳步发展，不断扩张，但王子之间经常发生的内讧也不断削弱了其统治。

到1221年，花剌子模帝国已经分崩离析，亡命天涯的沙阿、阿拉乌丁·摩诃末（Ala al-Din Muhammad）躲过了蒙古人，向西奔去。刚刚摧毁花剌子模国的、成吉思汗的两位亲密战友、干将速不台和哲别对其紧追不舍。在确定沙阿死后，速不台动了大规模侦察突袭欧洲的念头，旨在一探虚实，毕竟蒙古人对这块大陆知之甚少。于是，速不台和哲别率领一支由大约2万名骑手组成的全骑兵部队，艰难北进，穿越高加索。这是一场由具有非凡军事才能的、令人敬畏的将领指挥的、有史以来最伟大的骑行之一。几年后的1247年，方济各会修士普兰诺·卡尔平尼（Giovanni di Plano Carpini）奉命出使遥远

速不台和哲别率领一支由大约 2 万名骑手组成的全骑兵部队，艰难北进，穿越高加索。这是有史以来最伟大的骑行之一。

战争中的蒙古人

坚韧顽强的草原小马和威力强大的复合弓组合，令蒙古人百战不殆

速不台发动这次大胆突袭，靠的是一支堪称无懈可击的武装力量。成吉思汗时代的蒙古铁军，无疑是世界历史上最强大的军队之一。其威力在很大程度上归功于战术和战略的有机协调。蒙古人精心把每1000名骑兵划分为1个千户，并遵照成吉思汗的旨意，把每10个千户整编成1个万户。这些军事单位之间，即使相隔很远也能进行顺畅的协同作战。

蒙古人的战术，与几百年来欧亚草原游牧民族实行的标准战法如出一辙。大多数蒙古军人都是弓骑兵，装备很轻，只带弓箭，很少或根本没有盔甲。他们的后援是一支由重装蒙古骑兵组成的、规模虽小但打击能力超强的部队。这些精锐骑兵携带长矛、剑和钉头槌作为主战武器。人和马匹都披着由小铁片缝缀而成的片甲。他们还十分聪明地在铠甲下面穿上丝绸衬衫。一旦敌箭射穿铠甲，丝绸会附着在箭头上，这会使提取箭头变得更容易，也更安全。因为通常情况下，最初的箭击对人造成的损伤并不大，反倒是当人们试图把带刺的箭头从肉里拔出来时，造成的二次伤害更大。而丝绸衬衫在一定程度上缓解了这个问题。再加上一个圆形盾牌和套索，便是典型蒙古战士的全套装备。

重装骑兵通常说来都是部落贵族，他们的任务是多重的。战场上，他们的存在是为了迫使敌军步兵为更好地抵御冲锋而收缩阵形。因为，聚拢在一起的步兵很容易成为蒙古弓骑兵的攻击目

蒙古的战争方式是优势互补，这种方式多年来被证明所向无敌。

标，命丧乱箭之下。倘若敌人采用疏散队形来躲避这场死亡之雨，他们将失去密集防守的优势，从而暴露在重装骑兵的打击之下。一旦敌军被这持续不断的箭雨所震骇住，士兵纷纷倒毙，军心发生动摇，蒙古重装骑兵便会呐喊着冲锋陷阵，给敌人以致命一击。

弓是蒙古士兵的主战武器，没有弓箭，蒙古铁军的胜利是不可想象的。与在克雷西、普瓦捷和阿金库尔战役中一战成名的威尔士或英格兰长弓不同的是，蒙古的反射弓采用复合结构，使用胶合竹子、筋腱和牦牛角制成。张弓之际，弓会变成一条曲线，拉开的弓弦能够积蓄强大的力量。这种武器小巧有力，非常适合在马背上使用。典型的蒙古战士在战斗中会随身携带两三把这样的弓，为了保护这种珍贵的武器不受恶劣天气的影响，不用时会把它存放在弓盒里。

战斗中，纷纷射到敌人身上的箭矢，绝大多数由弓骑兵射出。蒙古铁军充分利用了马匹所赋予他们的超强机动性，将敌军团团围住，再由弓骑兵上前施放乱箭，然后飞奔而去。他们会轮番上阵，一波接一波地交替发起攻击。这样持续不断的箭雨，会令敌人没有喘息的机会。为了应对长时间作战，弓骑兵会携带大约60支箭上阵，其中一半的箭头较窄，具有较强的穿透力，另外一半的箭头较宽，便于近距离使用。

蒙古军队拥有大量的马匹，使得部队进行大规模、远距离战略转移成为可能。每个战士配备多达10匹坐骑，可根据需要随时更换。

蒙古草原马虽说体形矮小，但非常坚韧。与需要喂食昂贵、优质饲料的欧洲战马不同的是，蒙古马可以靠吃野草为生，且每天只需饮水一次。它们不需要马掌，生性温顺，不易走失，还具有传奇般的耐力。据称，蒙古马飞奔950千米的路程只需9天。骑乘时，蒙古人会给它装上一个高背木鞍，以便弓骑兵能够坐稳射箭。

▲ 12世纪金帐汗国时期蒙古人的铁盔

蒙古人更为有效的战术之一是"假动作"——有时他们在战斗中会假装逃离战场。敌人误以为逃兵既是败兵，常常会奋起直追，相信胜利就在眼前。但这都是兵不厌诈的诡计。蒙古人的目的是诱使敌人丧失警惕，打乱他们的阵形，从而无法做到严阵以待。蒙古人很快就会杀个回马枪，歼灭那些惊慌失措、已乱作一团的追击者。

总之，蒙古的战争方式是优势互补，这种方式多年来被证明所向无敌。实际上，他们只是沿袭了草原游牧民族自古以来就采用的一套战术，却青出于蓝而胜于蓝，很难说清楚这究竟是何原因。但从根本上说，不应归因于没有实质性区别的战术本身，而应归因于运用战术的人。蒙古人不同于早期的草原民族，因为成吉思汗把他们统一成了一个强大的部落联盟。此前的部落虽然勇士辈出，但各自为政，是成吉思汗将他们整编成了一支由优秀将领指挥的优秀战斗部队。

由于他们双方如今都是蒙古人觊觎的目标,因此,抗击共同敌人的同盟便应运而生。

▲ 13世纪，金帐汗国的人要求罗斯村民向他们进贡

的蒙古宫廷。他称速不台是"一位没有弱点的斗士"。蒙古人则称其是"忠心耿耿的速不台"。据后人记载，速不台于1248年去世，享年73岁。在漫长的军旅生涯中，他征服了32个国家，赢得了75场大战的胜利。这些惊世骇俗的战绩凸显了速不台的军事禀赋，也说明成吉思汗知人善任。速不台不仅是卓越的军事领袖，还是一位甘愿为大汗肝脑涂地的忠臣。他曾对成吉思汗说："防敌如防风，末将在所不惜。"

　　成吉思汗从一开始就具有明察秋毫的判断力。即便是曾经的对手，只要他发现该人天赋异禀，也会毫不犹豫地招至自己的麾下。速不台西征行动的联合指挥官哲别来自蒙古伊苏特（Yesut）部落。早前，当时还叫铁木真的成吉思汗，为了巩固其对蒙古各部落的统治而战事不断，其间哲别就曾在部落战争中与铁木真交过手。在一次遭遇战中，哲别甚至打倒了他的坐骑。当后来被俘时，哲别一心求死，不过，最终却转而在沙场上为成吉思汗出生入死，成为大汗的左膀右臂。

　　1221年2月，铁骑出征。速不台率军包围了里海南端。是年，征服了基督教王国格鲁吉亚。次年，速不台大军遭到了包括阿兰人、亚细亚人和科索吉安人（Kosogians）在内的高加索同盟的抵抗。该同盟由统治着今日俄罗斯南部和乌克兰草原的突厥人和钦察人领导。速不台发现他们被困在山区，那里的地形十分不利于蒙古铁骑战术的运用。千钧一发之际，他灵机一动，想到了不战而屈人之兵的方法——买通钦察人，让他们高抬贵手。钦察人一走，他便挥师袭击并全歼了被丢下的高加索人。紧接着，蒙古人马不停蹄地向乌克兰大草原挺进，尾随在毫无戒备的钦察人身后，在顿河附近的一场战斗中击溃了钦察人的军队，随后洗劫了阿斯特拉罕。

　　1222—1223年冬天，在克里米亚北部大草

迦勒迦河之战

罗斯骑兵
在迦勒迦河之战中，每个罗斯王公军队的核心都是公国卫队的重装骑兵保镖。他们的装备很像欧洲的骑士，有剑、钉头锤、斧头、长矛和链甲。

钦察人
钦察人，亦称库曼人，是在蒙古入侵罗斯之前统治欧亚草原的突厥人。1223年，他们在迦勒迦河与罗斯人并肩作战，迎击蒙古铁军。

速不台
蒙古人称其为"忠心耿耿的速不台"。速不台是成吉思汗最骁勇善战、最值得信赖的将军。他率领骑兵奔袭8850千米，绕里海，穿东欧，返亚洲，历时3年，是有史以来最长的一次骑兵之旅。

蒙古骑兵
集弓箭的威力和坚韧草原小马所带来的超强机动性于一身的蒙古铁骑，所向披靡。

成吉思汗
从一个名叫铁木真的年轻人成长为历史上最伟大、最知名的征服者之一。1206年，在大草原游牧民大会（忽里勒台）上，人们宣布他为"所有住在毡帐里的部落"的统治者。

经典大战

07 结局
速不台向饥渴难耐的基辅人承诺，如果他们投降，就不会流血。可是，一旦基辅人离开马车，许多人便被屠戮，幸存者沦落为奴。贵族俘虏被压在木板之下，蒙古人则坐在上面享受庆功盛宴，致使战俘们窒息而亡。

01 联军抵达
从第聂伯河开拔，行进9天后，罗斯王公和钦察人组成的联军于1223年5月31日抵达迦勒迦河。速不台故意佯装撤退引诱他们离开第聂伯河，以期庞大的军队会在行军时走散。而联军对此毫无戒心。

速不台下令发动总攻。而罗斯人还没有做好迎战的准备。群龙无首的他们搞不清蒙古人的意图。

06 基辅的最后一搏

亲眼目睹了迦勒迦河彼岸的灾难场景，基辅人围着马车车队形成了一个临时防御壁垒。在蒙古人的频繁攻击下，他们在3天多的时间里缓慢地向第聂伯河移动。饮用水耗尽后，孤立无助的基辅人决定谈判投降。

05 切尔尼戈夫大败

在库尔斯克王公奥列格的指挥下，切尔尼戈夫的主力本已准备好以适当阵形迎战，但还是被蒙古人打得四散奔逃。剩下的切尔尼戈夫军队还没来得及越过迦勒迦河，便被败下阵来的沃里尼亚人和钦察人大军裹挟而去。

基辅

沃里尼亚人

切尔尼戈夫

哲别

加利西亚

速不台

钦察人

02 过河

钦察人向东穿过迦勒迦河，沃里尼亚骑兵和加利西亚人接踵而至。切尔尼戈夫军队落在后面，过河行动迟缓，而此时的基辅人根本就没打算过河。

03 速不台进攻

眼见联军主力部队散得很开，速不台下令发动总攻。而联军还没有做好迎战的准备。群龙无首的他们搞不清蒙古人的意图。与蒙古人惯常运用的战术不同，速不台先遣重装骑兵出阵，而没有用弓骑兵率先发动攻击。

04 钦察人溃败

钦察人很快被蒙古重装骑兵击溃。接下来，蒙古弓骑兵向丹尼尔王公的沃里尼亚骑兵发起攻击，一时间箭如雨下，长矛林立。沃里尼亚人在蒙古人进攻之前便仓皇逃窜。加利西亚王公、姆斯蒂斯拉夫虽然命令部下做好战斗准备，但钦察人和沃里尼亚人横冲直撞的逃窜把加利西亚人和他们一起拖进了迦勒迦河。

Kalka River

蒙古帝国

基辅公国
加利西亚—沃里尼亚公国
切尔尼戈夫公国
斯摩棱斯克公国
钦察

速不台的确称得上恪守承诺，没有让罗斯贵族流血。但取而代之的是，把他们压在厚厚的木板之下，让自己人坐在上面大吃大喝，致使罗斯贵族窒息而死。

原上对该地区进行侦察之后，速不台开始正式西进，沿着德涅斯特河向罗斯核心地带推进，所到之处屠刀高举，尸横遍野。惊慌失措的钦察人警告罗斯人，如果他们不拔刀相助，那么钦察人很可能会被逼无奈加入蒙古国。长期以来，罗斯人一直饱受钦察人的袭扰。作为草原游牧民族，钦察人动辄掠夺周围的定居民族，因此在过去1年的大部分时间里，罗斯人对钦察人的恳求一口回绝。然而，如今他们双方都是蒙古人觊觎的目标，因此，抗击共同敌人的同盟便应运而生，并开始了联合备战。几名前来讲和的蒙古使节都被立即处决。下一批露面的蒙古人只能是为了正式宣战而来。

大约18位罗斯王公和钦察人组成了一支约8万人的大军，东进迎击入侵者。参加这次远征的有基辅大公、姆斯蒂斯拉夫·罗曼诺维奇（Mstislav Romanovich）、沃里尼亚王公、丹尼尔·罗曼诺维奇（Daniil Romanovich），还有加利西亚王公、姆斯蒂斯拉夫及其他众多王公。钦察人由加利西亚王公、姆斯蒂斯拉夫的岳父忽滩汗（Khan Koten）率领。令人担忧的是，在他们统领的这支军队中，只有2万人有足够的装备、且受到过专业的军事训练。

虽然蒙古军队主力向东移动，离开了罗斯，但留下了一支由1000名蒙古骑兵组成的小股殿军，以迟滞罗斯—钦察联军的推进。

调动千军万马的联军并非那么容易。1223年5月22日，在第聂伯河集结时，由于缺乏互信

◀ 全骑兵阵容的蒙古铁军与行动迟缓的联军相比，优势明显

的王公们为"谁应该是联军的最高指挥官"一问题而争执不休，罗斯大军的渡河受到严重阻碍。在许多方面来讲，这支庞大的军队不过是数股部队会聚而成的乌合之众，绝非一支步调一致的统一联军。当罗斯人最终越过第聂伯河时，由于双方力量对比过于悬殊，寡不敌众的蒙古殿军被击溃，但他们致命的弓箭却给罗斯人造成了重大伤亡。

实际上，速不台和哲别意欲引诱罗斯人远离第聂伯河，深入他们侦察过的地域。他们实施的是战略上的佯装撤退。蒙古人更愿意先在敌人边境以外、远离任何防御工事的地方将其野战部队打垮，然后再深入已无防御能力的领土。他们也清楚联军缺乏统一的最高指挥官，因此其主力部队将不可避免地各行其是，前进速度有快有慢。速不台有意放任敌军取得一些毫无意义的象征性小胜，以诱使他们继续追击。在越过第聂伯河后，罗斯人"乘胜"追击了9天。果然不出蒙古人所料，在追击过程中，联军的力量渐成强弩之末，拉出的战线从头至尾约有80千米长。

迦勒迦河灾难

1223年5月31日，速不台选择在小小的迦勒迦河（今日乌克兰境内）发难，趁追击的联军正在渡河时先发制人。速不台展示出了他过人的军事灵活性，决定不再像蒙古和其他草原游牧民族的典型做法那样，让马背弓箭手乱箭齐射发起战斗，而是首先命令重甲骑兵出阵。这次骑兵冲锋，从战斗伊始便证明是决定性的。蒙古人立即与钦察人展开近距离作战，很快就把他们赶跑了。重甲骑兵的下一个目标是来自沃里尼亚公国的罗斯人。而他们也溃不成军。

尚未投入战斗的加利西亚的罗斯人见状，试图稳住阵脚，但被溃逃的钦察人和罗斯人组成的先遣部队冲得七零八落；正在渡河的切尔尼戈夫人也遭到溃退联军的裹挟；库尔斯克王公、奥列格（Oleg）的部下虽然貌似秩序井然，但也没有逃过被所向披靡的蒙古人打败的厄运。

在姆斯蒂斯拉夫·罗曼诺维奇大公的带领下，基辅的1万名士兵围绕在马车队伍周围坚守了数日，试图向西杀出一条血路返回第聂伯河。由于草原上的饮用水耗尽，他们只好束手就擒。因为速不台承诺不会杀人，他们最终在支付赎金后获释。

迦勒迦河战役虽然结束了，但罗斯人的苦难还远没有告终。蒙古人对许多投降的基辅人一杀了之，剩下的抓为战俘。速不台的确称得上恪守承诺，没有让罗斯贵族流血。但取而代之的是，把他们压在厚厚的木板之下，让自己人坐在上面大吃大喝，以作为对开战前夕使节遇害的报复，致使罗斯贵族窒息而死。据称，共有约90%的联军士兵在迦勒迦河之战中丧生，在参加远征的18位罗斯王公中，有12人殒命。然而，速不台和哲别的蒙古铁军在战斗中的损失却微不足道。

蒙古人并没有在罗斯驻留。成吉思汗很快将速不台召回东部，执行另一项任务。随着速不台骑兵大突袭的成功结束，胜利的游牧民族重返欧亚大草原深处。对遭受重创的罗斯人来说，蒙古人似乎更像是一度来到世上恐吓众生的超自然力量，如今已然随风飘逝得无影无踪。

不过，蒙古人终究还是于1237年杀将回来了。而且这一次，他们来了就没打算离开。罗斯人再尝败绩，蒙古人开创了一个被人们称为"蒙古铁轭"的严酷统治时期。痛苦不堪的罗斯人被迫源源不断地向草原上的主人进贡。国家的经济发展完全停顿，直到15世纪末，蒙古人对罗斯的统治才彻底结束。

近现代

106 战争工具的演变　　136 战争的象征：马刀
121 罗克鲁瓦战役　　　138 战争的象征：铁骑军盔甲
133 纳西比战役

战争工具的演变

枪炮和刀剑的演变如何改观了300年的战争，
并永远改变了文明的冲突？

多姆·雷赛格·林肯 / 文

纵观人类发展史，战争一直如影随形。在硝烟战火中，帝国创建、崩塌，国家扩张、衰退，整个文明都在流血、胜利和失败的轮回中崛起与溃决。因此，就像任何变革的催化剂一样，战争在各个时代都在催生着演变和转变，林林总总的文化于是创造、应用并改良了无数的战争武器。

随着西方世界走出中世纪的阴影并进入16世纪，它的武器和兵法业已被近身作战、骑兵冲锋和板甲时代所改变。剑，如同在中世纪早期一样，仍然是战场上的主战兵器，许多经典的中世纪设计继续现身在有据可查的战斗中。例如，尽管骑士参战逐渐减少，但直到1550年前后，长剑仍然在被使用。这种一手半剑，因其致命的精确性而备受推崇。

在中世纪末期和近代早期，侧剑的地位更为突出。人们认为，这种多用途单手兵器，是从斯堪的纳维亚半岛打家劫舍的维京人和罗马军团等广泛使用的经典佩剑直接演变而来，种类繁多。欧洲文艺复兴时期，许多士兵将一根手指放在刃柄（剑柄上方的一段无刃剑身）上，这直接导致了民用双刃长剑的兴起。

这种剑不再是沉重、笨拙的劈刺兵器，而是一种轻捷、多用途的锐器，更注重使用巧劲而非蛮力。直到16世纪，砍刀（西方版波斯弯刀）也一直很流行，它是介于侧剑和匕首之间的一种刀尖弯曲的利器。侧剑或双刃长剑搭配小圆盾的用法流行了多年，由此还令"虚张声势"（swashbuckle）这个词红极一时。

在东方，特别是在日本的江户时代，人们倾向于使用传统的作战方法，尽管火器的生产和使用已十分普遍，但剑仍然是主战兵器。武艺高超的武士使用的武士刀，因在战斗中能迅速拔出而备受人们的青睐。在此后数百年间，古刀（流行于16世纪末）逐渐被有着光滑刀刃的新刀和新新刀所取代。这一时期，近战武器在中国也非常流行，短剑和钩形刀一直被沿用到17世纪末。

在欧洲，枪支的普及（以及日益高涨的购买力）使得剑很快就从一种重要的战争工具转变为一种具有仪式感和时尚的东西。到18世纪和19世纪，军官们大多把佩剑作为身份的象征，还在滑膛枪和来福枪的一端装上刺刀，以便子弹打光时可以将其变成近战武器。

火炮的崛起

▲ 机动性的增强和装填、射速的提高,使火炮在美国南北战争中发挥了相当大的作用

就像之前的弩炮和投石机一样,火炮的发展改变了攻城战、海战和防御战策略。到了16世纪早期,火炮已经在欧洲、中东和亚洲得到了广泛应用。制铁技术的发展使军火商能够生产出更大、更通用的武器,在野战中使用的火炮竟能重达9000千克。尽管早在14世纪,中国就开始首先使用火炮,但直到人们在海战中引入火炮,才催生了造船业的新时代。为能承载多门大炮(欧洲大帆船上装备的火炮少则几门,多则150门,均为风帆战舰时代典型的侧舷火炮)的重量,人们加厚并增强了船体。17世纪,半加农炮的引入也给围攻和海战平添了更加致命的火力。风帆战舰上的半加农炮可以发射15千克重的实心炮弹,足以穿透一米粗的橡树。

到了18世纪末和19世纪前中期,火炮的机动性和精准度都得以大大提高。法国大革命期间,拿破仑·波拿巴(Napoleon Bonaparte)负责保卫巴黎。火炮的使用在其得势掌权的过程中扮演了不可或缺的角色,甚至促成了"皇帝大炮"或曰"12磅拿破仑炮"的面世。拿破仑炮和造型更加优美的格里芬枪在美国南北战争中得到广泛运用,并在南北两军的远程交火中发挥了致命的作用。

16世纪初至19世纪末,随着弓箭逐渐失去主导地位,远程武器悄然发生了变化。随着火药在中国的发明,火器最早出现在14世纪的意大利,并在100年后进入奥斯曼帝国。正是这些"手炮"成为16世纪开始在西方出现的来福枪和手枪的鼻祖。

火绳来福枪和滑膛枪是西方最早流行的火器。它们自动点燃引信的方法更加有效。使用这种步枪不需要像张弓那样用力,士兵可以用双手支撑武器进行瞄准。虽然这样的步枪往往不如弓箭那样精确,但它们的射程更远,杀伤力更强。17世纪早期,火绳枪和簧轮火枪被更有效的点

自17世纪初一直到18世纪,海战塑造了亚洲、欧洲和美洲。

火枪械所取代，其中包括打火枪和广受欢迎的燧发枪。

在火药的诞生地中国，17世纪中期的明朝制造出了大量火炮、火枪和随身武器，步枪很快便取代了弩（弩则部分地取代了各种各样的弓）。到了17世纪，随着传统的板甲基本被淘汰，后膛枪（使用子弹而不是传统的火药和弹丸混合物）逐渐流行开来，不过，滑膛枪这样的传统长枪仍在被广泛使用。滑膛枪是世界上无数重大战争中最常见的远程武器，从拿破仑战争到美国南北战争等，不一而足。在19世纪50年代连发枪兴起之前，这种步枪一直大行其道。事实证明，连发枪的重新装弹射击效率（弹匣容量）要高得多。

随着西方国家进入地理大发现时代，对更具大范围机动性的武器的需求，成为了一个驱动力。船只不再单单是投放作战兵力的武装工具，而成为流动的作战平台。由于需要越洋远航，造船业得到了长足发展，排水量约300吨的大帆船、供应船和小型帆船相继问世。结果，这些船只因可以装备大型火炮，从而变成海上移动堡垒，既能重创敌人，也能抵御攻击。

自17世纪初一直到18世纪中后期，海战塑造了亚洲、欧洲和美洲的版图。此间设计出的战

▲ 苏丹亲兵成立于14世纪中期

中东地区"火药帝国"的崛起

16世纪,我们现在所知的中东地区开始广泛应用火药。此前,该地区的战争主要依靠骑兵和复合弓取胜。事实上,奥斯曼帝国花了相当长的时间才最终承认,骑兵的冲锋往往会被持续的步枪火力打得七零八落。然而,一旦他们采用了火器,便把这个国家变成了一个火药帝国,在对阵波斯和埃及时连战连捷。16世纪和17世纪早期火药的引入,也增强了莫卧儿帝国和萨非王朝的军事实力。正是这三个强大火药王朝的枪炮,迫使这块大陆的控制权频繁易手。土耳其人最早使用了火绳枪;萨非王朝的波斯人以生产手枪而闻名;莫卧儿帝国则擅使大炮和其他大型军械。

有意思的是,奥斯曼帝国采用强化军事训练的方法,促使该国不断改进武器来作为有效的军事工具,动作之快远非欧洲对手能比。例如,步兵卫队苏丹亲兵的弓箭和马匹换成了步枪,从而成为第一批真正的精锐部队。

舰(一次最多可搭载150门火炮)助力英国华丽转身,成为历史上最强大的帝国之一。移动战争还使以往在陆基对抗中占主导地位的国家(如荷兰及其崛起的东印度公司)成为一支新生力量,将其势力范围和影响力扩展到了新世界和更远的地方。

然而,随着帝国的扩张和世界贸易的发展,以及随之而来的不可避免的冲突,出于防御目的而设计和制造的武器也发生了巨大的变化,世界从中世纪一下子过渡到近现代时期。随着欧洲进入文艺复兴时期,板甲仍然很受欢迎,因为生产钢和马具的方法得到了改良,直到16世纪文艺复

关键节点
转轮枪传到欧洲
1580年
转轮枪尽管与19世纪关系最为密切,但实际上它最早是16世纪在中国生产的。当这款5管长矛形五雷神机传到欧洲时,欧洲的枪械制造商开始纷纷仿效,生产出外观和规格五花八门的转轮枪。这些转轮枪是最早的连发武器的实例之一,使用者无须重新装弹,可以连续发射多发子弹。然而,虽说这些枪械中的大多数堪称具有革命性,但普及起来过于繁琐,因此,更传统的单发枪械仍然常见。

近代早期武器史

● **簧轮火枪风靡欧洲**
16世纪初,欧洲引进了簧轮火枪,为传统的火绳枪提供了更加有效的替代品。然而,由于其生产成本居高不下,因此真正为人们所接受尚需时日。
1505年

● **第一支卡宾枪出厂**
卡宾枪最先在德国奥格斯堡被生产出来。这种长枪的尺寸介于步枪和手枪之间,因此射程和杀伤力适中。实践证明,用它代替滑膛枪成为当时的流行。
1530年

● **引入弹壳**
早在引入更可靠(但生产成本更高)的金属弹壳之前,人们就已经生产出了一种新型氧化纸弹壳,里面填充的是火药和小弹头。瑞典国王古斯塔夫·阿道夫(Gustavus Adolphus)是最先引进这种弹壳的人之一。
1611年

● **刺刀①最早在欧洲使用**
固定到步枪前端的刺刀,开始出现在欧洲的滑膛枪上,它被设计用来让士兵在弹药耗尽时作冲锋之用。然而,在其他国家(包括奥斯曼帝国)刺刀已被人们使用了将近一个世纪。
1671年

● **发明帕克尔枪**
英国发明家詹姆斯·帕克尔(James Puckle)制造出了一种后膛燧石转轮枪,人称帕克尔枪。这种重型武器被固定在架子上,有一个可旋转的圆筒,能在7分钟内发射63发子弹。
1718年

① Bayonet(刺刀)的名字来自法国西南部的一个城市Bayonne,因其于1647年第一次在该城市被使用。

兴时期，步兵和骑兵还从头到脚披挂着板甲。然而，到了17世纪早期，全甲逐渐缩减到了简单的胸甲。

盔甲并没有完全消失，直到18世纪中期，西方将领在战场上依旧穿着盔甲。由于来福枪或滑膛枪的致命威力，火器的广泛使用并没有让盔甲彻底退出历史舞台，反倒使装甲匠的生意兴隆起来。例如，在19世纪60年代的美国南北战争中，人们穿上了钢铁背心，但它们的防护效果却参差不齐。有些背心足以抵挡子弹或刺刀，而有些则起不到什么作用。在东方，盔甲在战争中被使用的时间相对较长，日本尤其如此。由于武士的持久影响力，"当世具足"甲胄（16世纪启用）①一直被沿用到武士阶层走向没落的19世纪中期。

此外，中世纪结束后，盾牌迅速失宠。17世纪，随着轻剑的出现，小圆盾因其小巧、便携的设计开始流行起来。然而，到了17世纪末，盾牌在战场上基本已经销声匿迹，因为事实证明，使用火器的速度远远快于舞剑。到了19世纪，随着如火如荼的工业革命的深入，火药几乎成为武器的唯一动力，枪炮和炸药持续塑造着世界各地的战争。

盔甲并没有完全消失，直到18世纪中期，西方将领在战场上依旧穿着盔甲。

关键节点
复合弓落伍
1750年

几个世纪以来，复合弓一直是步兵和骑兵远程作战的主要武器，但随着火器的普及，复合弓最终遭到淘汰。这种更新换代的进程已经潜移默化地持续了数十年，但直到18世纪中期，在面对滑膛枪、来福枪和手枪的持续射击时，人们才意识到弓箭完全无法与之抗衡。随之，弓骑兵成建制消失。制造成本的降低和装填方法的改进，使火器成为一种更有成效的作战手段。

● **撞击式雷帽成为标配**

19世纪30年代早期，一种叫撞击式雷帽的新引燃装置被生产出来，主要用于前膛枪。由于它降低了哑火的几率，可以在大多数天气条件下使用，因此广受欢迎。
1830年

● **改用无烟火药**

欧洲国家开始采用无烟火药，即一种改进的火药。这个配方成为人们默认的"火药"，而早前的火药被改称作"黑火药"。
1890年

关键节点
康格里夫变革火药
1783年

1783年，英国军官威廉·康格里夫（William Congreve，1742—1814）爵士对火药生产做了重大改进。通过实验，他发明了"圆筒火药"（cylinder powder）。这种用木炭制成的火药被密封在铁壳内，其威力是传统火药的两倍，更具杀伤力，而且不容易损坏。康格里夫的实验，助力英国在火药制造方面成为世界领军者。

● **斯文斯克松德海战**

瑞典和俄国海军之间爆发的斯文斯克松德战役，是最后一次以木制战舰为主展开的大海战。这是有史以来在波罗的海爆发的规模最大的一次战斗。
1790年

● **诺贝尔发明炸药**

瑞典著名化学家、发明家阿尔弗雷德·诺贝尔制造出一种含有硝化甘油和黏土的物质。这项人们熟知的发明便是炸药。实践证明它比火药更具爆炸性。
1863年

① 江户时代，这种铠甲诞生后，人们称其为"当世具足"，意为"当代的铠甲"，而将江户时代前的铠甲称为"昔具足"。

◀ 莫卧儿皇帝沙·贾汗（Shah Jahan，1592—1666）勇士携带着一把拳刺匕首及其他武器，以凸显自己的身份

士兵将拳刺匕首紧握在手中，挥舞起来犹如出拳一般，能使上全身的力量刺穿盔甲，给敌人头部或上半身造成可怕的创伤。它的原始野性，令印度北部的士兵爱不释手。

近现代的武器

印度拳刺匕首
17 世纪

拳刺匕首是一把装在手柄框架上的、外形狰狞的三角形利刃，在近代早期的东南亚是一种身份的象征。

贵族们趋之若鹜地在腰上佩带这种武器，来显示他们的财富和权势。即使在它们的实战作用已经丧失很久之后，仍然有人乐此不疲地坚持打造它们。

实战中，士兵将拳刺匕首紧握在手中，挥舞起来犹如出拳一般，能使上全身的力量刺穿盔甲，给敌人头部或上半身造成可怕的创伤。

它的原始野性，令印度北部的士兵爱不释手。拉杰普特（Rajputs）和莫卧儿贵族会吹嘘说，自己双手各戴一把拳刺匕首猎杀过老虎，以此炫耀如何勇武过人。

▲ 17世纪比贾普尔苏丹的宫廷场景。图中右侧坐着的人腰带上都戴着拳刺匕首

▶ 这是一支18世纪印度迈索尔邦的燧发喇叭枪，是人们抗击大英帝国入侵的最后利器之一

法国燧发枪

17 世纪

早在13世纪，黑火药武器便出现了，燧发装置的问世则是16世纪的事情，但直到17世纪初、随着法国"真正燧发枪"的面世，燧发枪才正式走上战场。

路易十三世的发明家、枪械师马汉（1550—1634）发明的燧发枪，在弹簧燧石击砧之间放置了一个扣机，使其在不击发时翘起，从而提供了一个有效、安全的锁销。燧石击砧和挡住火药的火门是一体的，因此，扣动扳机会使弹簧弹起击砧、打开火门的动作一气呵成。

马汉燧发枪在200年间一直是主战枪械，直到19世纪30年代被取代。

近现代的武器

马汉燧发枪在弹簧燧石击砧之间放置了一个扣机，使其在不击发时翘起，从而提供了一个有效、安全的锁销。

▲ 这幅17世纪讽刺蚀刻版画描绘了两名男子用燧发手枪进行决斗的场面

▲ 这些繁复的装饰是人们为法军"皇家路易号"设计的。1742年，尚未下水、仍在坞中的该舰被蓄意纵火焚毁

近现代的武器

法军战舰
18 世纪

纵观法国这头"海上雄狮"的航海史，其军舰的基本设计与善良的对手相比，并无二致，只是根据货物、大炮或贸易商品做了不同调整。

17世纪初，海战的性质开始发生变化。海上混战被"战列线"战术所取代，密集的战列舰编队相互进行侧舷炮击，接舷跳帮行动开始逐渐消失，高度设防的上层建筑也不见影踪。

到了18世纪40年代，将74炮法国战列舰作为其军舰的模板进行建造，此后其他国家纷纷效仿。两层的甲板设计使其能够携带巨大火力，但又不会像三层甲板战舰那样在汹涌的大海上无法平稳航行。

日本"当世具足"甲胄

16 世纪

自12世纪以来,日本武士甲胄的形制似乎一成不变,直到1543年葡萄牙商人将火器传入日本,才迫使日本人做出了改变。

"当世具足"的意思是"当代的铠甲"。起初,日本武士将欧洲胸甲和头盔结合起来,以提供更好的防护,日本的甲胄师很快就基于此推出了本土设计。

后来的甲胄都由眉庇付冑构成,它会把脸遮挡得严严实实,而躯干则由胸胴或更加灵活的腹卷(也会遮住大腿)保护,以满足武士对机动性的需求。

▶ 甲胄采用"渐变"形制,是两种或两种以上风格的混搭

近现代的武器

▼ 西班牙步兵团方阵与法兰西骑兵、炮兵进行了最后一场殊死搏斗

据估计，可能有 800 万人因军事行动、暴力掠夺或疾病暴发而成为这场战争的直接牺牲品。

经典大战

罗克鲁瓦战役

1643年5月19日，法兰西

汤姆·加纳 / 文

西班牙和法兰西军队以长枪和火炮阵形交战，这场决定性的较量改变了三十年战争的进程和欧洲势力平衡

两军对垒

西班牙
统帅
唐·弗朗西斯科·德·梅洛
步兵 1.9万人
骑兵 8000人
枪支 18门

对阵

法兰西
统帅
昂基安公爵路易二世
步兵 1.7万人
骑兵 6000人
枪支 14门

步兵团

这支多功能部队独霸近代早期战场

数十年来，西班牙步兵团一直是近代早期欧洲一支精锐无比、令人闻风丧胆的军事力量。步兵团是在火药技术的改进和15世纪步兵方阵兴起的共同作用下发展起来的。瑞士长枪兵，以排列纪律严明的方阵和成功击败勃艮第公爵率领的重装骑兵而遐迩闻名。西班牙人从自身在意大利的军事行动中汲取教训，将这种阵法发扬光大，在长枪兵之间部署了火绳枪手这样的火器部队，从而极大地提高了方阵的强度和灵活性。平均分布的长枪兵和火绳枪手遵循严明的军纪，以相同的

▲长枪兵是西班牙步兵团的重要组成部分。图为持戟士兵

战术队形并肩作战。

每个步兵团有3000人，由12个250人的连队组成，与现代军队旅编制的规模相当。在每个连内，长枪兵排成10级纵深的中心阵形，等量的火绳枪手则在侧翼作战。长枪兵需要纵深，才能形成坚固的阵形来抵御骑兵的攻击。同时，火绳枪手被部署以同样的纵深，以最大限度地提高火器威力。火绳枪齐射受到严格的纪律约束和控制。排成两条战线的火绳枪手受到的训练，就是没有命令不得射击。当时的做法是，前排先进行一次集体齐射，然后退到方阵后方重新装弹。第二排会向前一步，瞄准目标，听命令齐射，接着退后，以便前排可以再次齐射。这些战术意味着西班牙步兵团可以瞄准敌军前进军阵，进行连续射击。为了保持步兵团的超强战斗力，部队中保有大量老兵来为年轻士兵鼓舞士气。这种行伍之风使步兵团成为欧洲最优秀的步兵部队，赢得了战无不胜的美誉。不过，这一美誉最终在罗克鲁瓦战役中受到了严峻的考验。

▲ 步兵团是西班牙步兵的精锐，以其战斗力蜚声整个欧洲

随着儿皇帝登基和文韬武略的首相撒手人寰，法兰西陷入低谷。西班牙瞄准了可以趁虚而入的机会。

三十年战争是欧洲历史上最具毁灭性的冲突之一。这场灾难的烈度，只有后来的拿破仑战争和两次世界大战能与其相提并论。如今属于德国的一些地区，失去了三分之二的人口。据估计，可能有800万人因军事行动、暴力掠夺或疾病暴发而成为这场战争的直接牺牲品。这场战争的关键一役是法兰西和西班牙之间的会战，即诸国终极对决的高潮——罗克鲁瓦战役。

西班牙几乎从一开始就卷入了这场战争。它是欧洲大陆上的超级大国，除伊比利亚腹地之外，西班牙还拥有广阔的领地，包括意大利北部、如今法国东部的弗朗什—孔泰地区以及比利

▼ 昂基安公爵命令他的军队停止战斗，因为西班牙人提出投降

时和卢森堡的西属尼德兰。为了抵达这些领地，运兵和补给全靠"西班牙路"来进行。这条大道从意大利蜿蜒向北，一直延伸到西属尼德兰。

大部分路段经过强大的哈布斯堡王朝控制的领地，因此有助于大物流的形成。17世纪，欧洲大部分地区都由哈布斯堡家族统治。他们分为两个分支。1643年，一个分支由神圣罗马帝国皇帝和匈牙利、波希米亚、克罗地亚、奥地利的统治者斐迪南（Ferdinand）三世执掌；另一个分支由葡萄牙和西属尼德兰的统治者、西班牙的费利佩（Philip）四世治理。后者还是勃艮第公国、数个意大利国家和一个庞大殖民帝国的领主。哈布斯堡的领土四周与法兰西陆地边界接壤，这使得边境安全成为法兰西人的心腹大患。即使在海上，他们也丝毫没有安全感，因为西班牙也是海上霸王，在大西洋和地中海分别部署有舰队。

因此，逐渐形成十面埋伏、八方受敌心态的法兰西人，开始利用外交手段消弭哈布斯堡王朝的霸权地位。17世纪30年代早期，大权在握的路易十三世的首相、红衣主教黎塞留（Richelieu）作为主导，于1635年向西班牙宣战。起初，法兰西人出师不利，西班牙人入侵并蹂躏了法兰西北部。1636年，甚至连巴黎都受到了威胁，法国对意大利的干预也铩羽而归。

1642年底，黎塞留去世，6个月后，路易十三世也随之走进坟墓，他4岁的儿子路易十四世继位。随着儿皇帝登基和文韬武略的首相撒手人寰，法兰西陷入低谷。西班牙瞄准了可以趁虚而入的机会。路易十三世薨后没过5天，一支大军从西班牙和尼德兰便入侵法兰西北部。一场历史性冲突如箭在弦，一触即发。

1643年5月，西班牙2.6万大军入侵法国，并意欲进军巴黎。他们计划穿过阿登山区，从东北部插入。要塞小镇罗克鲁瓦挡住了他们的去路。尽管只有四五百名士兵驻守于此，但罗克鲁瓦的战略地位十分重要。它与西属尼德兰毗邻，周围是阿登高地的茂密森林。该镇还扼守通往巴黎的主要道路，要想挺进首都，就必须得过这一关。抗击西班牙军队的是罗克鲁瓦驻军和皮卡第军队，大约有2.2万人。法军寡不敌众，而雪上加霜的是，他们的将军绝非久经沙场的老兵。

在罗克鲁瓦相遇的两军指挥官，在性格和经验上有着天壤之别。46岁的西班牙将军德·梅洛（Don Francisco de Melo），是一位功成名就的政治家和大使，1641年出任佛兰德斯总督。更为重要的是，在1642年奥内库尔一战中，他曾经以敌人两倍的军力，把法兰西香槟地区军队歼灭。

奥内库尔战役使法国北部洞开，完全暴露在西班牙军队的攻击之下，然而，生性谨慎的德·梅洛选择不去利用1642年的胜利战机。他认为西班牙军队要巩固胜利成果，备战后续战役，届时会有更多的援军赶来。1643年，踌躇满志的德·梅洛充满了必胜的信心。

德·梅洛的对手是昂基安公爵路易二世·德·波旁（Louis de Bourbon）。初出茅庐的昂基安公爵年仅21岁，是一位未经战火洗

法军骑兵在人喊马嘶声中横扫了西班牙军阵的后方。昂基安公爵的计划战果凸显出来。

礼的将军。他是法兰西皇室的重要成员,也是波旁家族孔代分支的一员,以及路易十三世和路易十四世的表亲。昂基安公爵受过非常良好的教育,但军事经验却捉襟见肘。1643年之前,他只在阿拉斯和佩皮尼昂的围攻战中目睹过战事。罗克鲁瓦之战不仅是他参加的首场战斗,也是他作为将军指挥作战的首秀。这是一项艰巨的任务,因为他的对手是过去100年来最为优秀的战斗部队。

抵近罗克鲁瓦后,德·梅洛立即包围了要塞。他不想在进军巴黎途中,留下这么一个没有解决的后患。兵临城下之际,守军法兰西忙不迭地派出信使去给附近的昂基安公爵军队报信。昂基安公爵火速驰援,抗击西班牙大军,以解罗克鲁瓦的燃眉之急。然而,正当出征之际,他得到禀报称,6000名西班牙增援部队正在向罗克鲁

瓦扑来。原本就很危险的局势变得十万火急。昂基安公爵清楚,他必须在西班牙援军赶到之前一举打垮德·梅洛。

前往罗克鲁瓦只有一条便道,即小镇南部山岭上的一道深深的峡谷。对法国人来说幸运的是,这条路没有人看守,昂基安公爵顺利通过,将军队带到了面对西班牙军队的后方山岭之上。没有把守这条通往罗克鲁瓦的南路,是令西班牙人后悔莫及的一个错误。

罗克鲁瓦周围区域是阿登森林里的一小块开阔地。当德·梅洛看到法军在他身后部署时,他命令部队在要塞旁、与法军相对的山脊上列阵。两军之间的沼泽地上有一条小溪。虽然天色渐晚,法军一支骑兵部队仍然试图解围罗克鲁瓦,但被击退。两军在各自的阵地上就地过夜,为即将开始的战斗积蓄力量。

5月19日黎明前,两军用与前一天相似的阵形排兵布阵。双方都把骑兵放在侧翼,把步兵部署在阵中,排成二线式战斗队形。最后,炮兵都在各自步兵阵前集结起来。此外,两军也都分别留出了预备队。法军预备队由2个骑兵中队、3个步兵营和6个宪兵连组成。宪兵连是一种较为新型的部队,披挂轻甲,配备手枪和剑。西班牙由2个骑兵中队作为预备队,另外还有6000名援军正在途中。

如此看来,两军在阵地部署、锋线士兵和预备队人数上,几乎等量齐观。甚至昂基安公爵和德·梅洛都坐镇自己的骑兵右翼,营造出一种奇特的对称感。然而,两军之间最大的不同之处就是忠诚的程度。

除少数瑞士、苏格兰和匈牙利部队外,法军几乎清一色由法兰西军队构成。另一方面,西班牙军队却是来自欧洲许多地区的不同民族的大熔炉。把德·梅洛麾下称为"帝国主义哈布斯堡"军队或许更为确切,因为这些军队都来自哈布斯

▼ 与长枪兵一样,戟兵也是西班牙步兵团的一部分,规模不大,但不可或缺

堡人控制的领地，但效忠于不同的君主——费利佩四世或神圣罗马帝国皇帝。

例如，步兵前线有5个纯西班牙人组成的方阵，但还有5个方阵是由意大利人和弗朗什—孔泰人组成的；第二线步兵由9个营的日耳曼人、意大利人和瓦隆人编成；骑兵的构成同样不一而足，左翼有15个佛兰德斯骑兵中队，右翼有14个日耳曼和克罗地亚骑兵中队。在哈布斯堡强权的保护伞下，这种各为其主的效忠，对战斗的进程产生了决定性影响。尽管西班牙军人训练有素，但他们缺乏民族凝聚力。这意味着各部队并不会为了共同的事业而相互倾力支持。为维护西班牙的权威，德·梅洛安排西班牙人担任大多数旅和侧翼的指挥官，步兵方阵的核心部分也由西班牙老兵组成，而法军是在本土迎击穷兵黩武的侵略者，因此内心充满了民族自豪感。

黎明时分，昂基安公爵率先开战，步兵向西班牙阵中发起进攻，右翼骑兵则冲向对面的西班牙骑兵。步兵的进攻虽然受挫，但骑兵成功击溃了对手佛兰德斯，令西班牙阵中央暴露在法军面前。尽管遭受了初创，但西班牙中阵仍然稳住了阵脚。在右翼胜利的感召下，法军左翼骑兵违背昂基安公爵的命令，以经典的骑士之风袭击了西班牙右翼。然而，由于地面泥泞不堪，马匹深陷其中。日耳曼和克罗地亚骑兵注意到了法军骑兵莽撞的冒险之举，立刻予以反击，将这些法军左翼骑兵赶出了战场。他们骑士之风的战斗仅仅持续了一个小时，就差点使昂基安公爵满盘皆输。日耳曼人和克罗地亚人企图乘胜追击，进攻法军阵中的左翼步兵。倘若这一行动成功，德·梅洛的军队便可以迅速取得胜利。然而，昂基安公爵把预备队从后方调了上来，阻止了日耳曼人和克罗地亚人的猛攻。

拯救了步兵方阵后，昂基安公爵决定先发制人，命令整个右翼骑兵全线压上，向西班牙步兵

▲ 罗克鲁瓦战役中的昂基安公爵路易二世21岁，此前从未带过兵打过仗

方阵的侧翼和后方发起冲锋。这是一次大胆的行动，需要高超的指挥艺术才能得以实施，因为这样一来，法军步兵极有可能暴露在对方的攻击之下。然而，幸运的天秤偏向了昂基安公爵一边，因为他的右翼指挥官是杰出的骑兵队队长加西翁伯爵让（Jean, comte de Gassion）。他曾为瑞典国王古斯塔夫·阿道夫出生入死，作战经验丰富，被红衣主教黎塞留誉为"战神"。在这场危险的赌注中，加西翁伯爵无疑是一个堪当大任之人。

这是一个宏大而可怕的场景。法军骑兵在人喊马嘶声中横扫了西班牙军阵的后方。昂基安公爵的计划战果凸显出来。面对骑兵的突然袭击，日耳曼、意大利和瓦隆的步兵彻底崩陷，在战场上作鸟兽散。与此同时，法军步兵预备队击溃了袭击他们左翼的日耳曼人和克罗地亚人，并一路

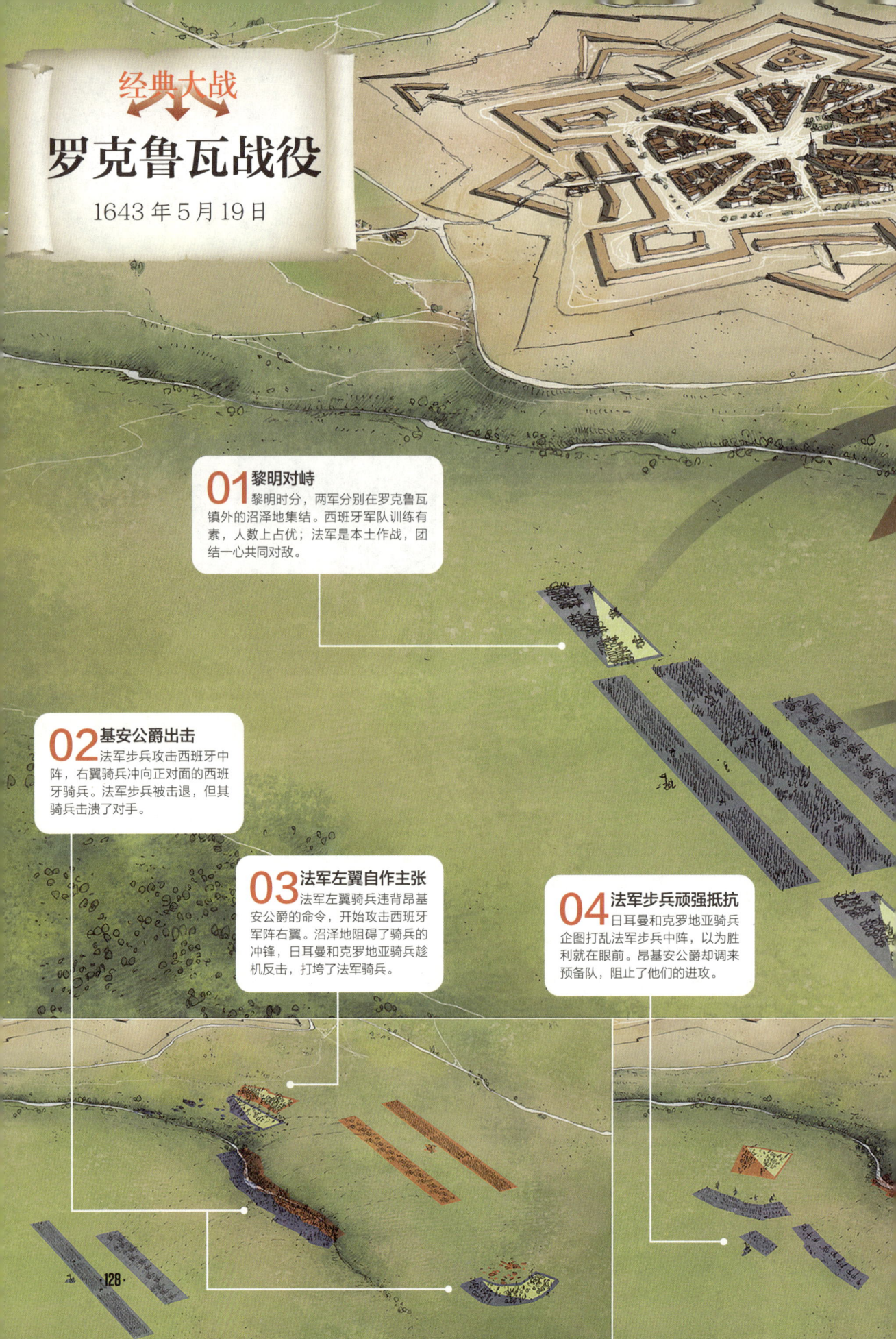

经典大战
罗克鲁瓦战役
1643 年 5 月 19 日

01 黎明对峙
黎明时分,两军分别在罗克鲁瓦镇外的沼泽地集结。西班牙军队训练有素,人数上占优;法军是本土作战,团结一心共同对敌。

02 基安公爵出击
法军步兵攻击西班牙中阵,右翼骑兵冲向正对面的西班牙骑兵。法军步兵被击退,但其骑兵击溃了对手。

03 法军左翼自作主张
法军左翼骑兵违背昂基安公爵的命令,开始攻击西班牙军阵右翼。沼泽地阻碍了骑兵的冲锋,日耳曼和克罗地亚骑兵趁机反击,打垮了法军骑兵。

04 法军步兵顽强抵抗
日耳曼和克罗地亚骑兵企图打乱法军步兵中阵,以为胜利就在眼前。昂基安公爵却调来预备队,阻止了他们的进攻。

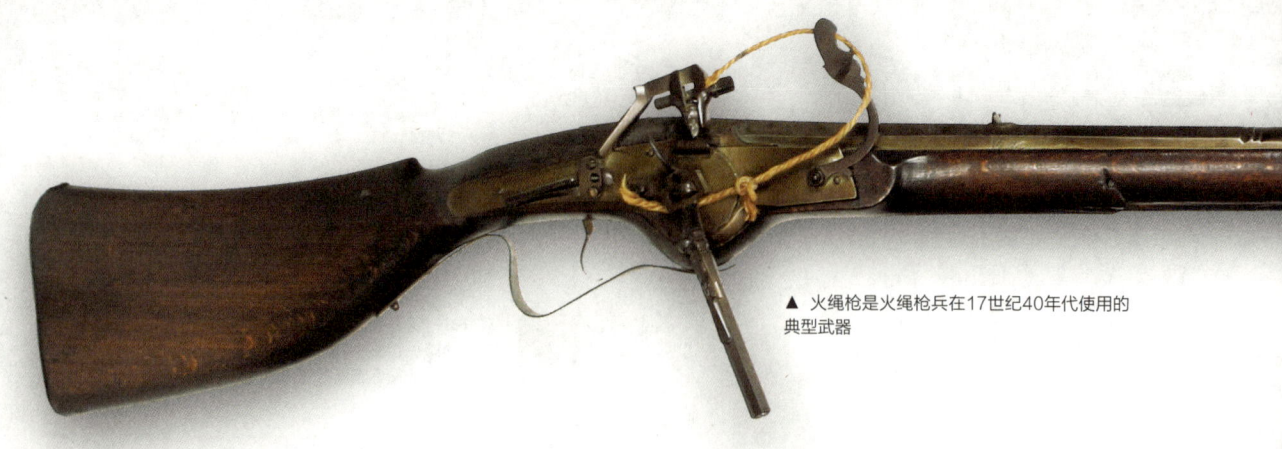
▲ 火绳枪是火绳枪兵在17世纪40年代使用的典型武器

追杀下去。

早上8点，冲锋陷阵的法军骑兵连同士气大振的步兵击溃了敌军多支部队。西班牙军队的多族裔特性不仅给西班牙人自己，也给法军造成了困扰。西班牙军队中的日耳曼人、意大利人、瓦隆人和克罗地亚人中没有人真心愿意同仇敌忾、和西班牙战友并肩作战，因此在遭到法军进攻后选择了一哄而散。德·梅洛麾下现在只剩下清一色的西班牙士兵，磐石般坚守在防线中央。法军对他们无可奈何，昂基安公爵很快发现了这一点。

尽管早前的冲锋已经令法军人困马乏，但昂基安公爵还是重整骑兵，命令他们直接攻击西班牙方阵。疲惫不堪的法军两次出击未果，付出了血的代价。西班牙方阵果然不辱声誉，顾自岿然不动。昂基安公爵不想徒劳进攻，更不想因为西班牙方阵的死扛而认输，他下定决心要打破僵局。于是，他调来自己的炮兵，连同一些缴获的西班牙火炮，相当不仗义地径直向安如磐石的西班牙方阵轰击。同时，他还下令骑兵再次发起冲锋。

尽管炮击连续不断，骑兵持续冲锋，但西班牙方阵仍然坚守如初。不过，随着他们被围歼、伤亡人数不断增加，法军在人数和进攻上的优势最终开始显现。对于被硝烟、火焰、喧嚣和死亡吞没的西班牙方阵来说，罗克鲁瓦战役正在变成绝望的最后一搏。

战斗接近尾声时，一些幸存的西班牙军官陡生投降之意。据文献记载，当法军前来受降时，一群西班牙士兵向走近的法军士兵开火。原因不甚明了，要么西班牙士兵没有听到投降的命令，要么拒绝投降。无论如何，这一行动激怒了法军。他们恢复了进攻，造成了更大的伤亡。最后，西班牙炮兵和火绳枪手的残余部队在弹药耗尽后陷入了死一般的沉寂。恐怖的气氛令人不寒而栗，绝望、垂死的伤兵哀嚎遍野。

对于这时的德·梅洛究竟身在何方，人们尚存争议，但他决意投降，以免残部被歼。虽然德·梅洛已成败军之将，但他仍然要求法军开出的投降条件应与投诚的要塞守军一样。这意味着西班牙人可以光荣投降，并带着武器体面地离开战场。德·梅洛提出这样的要求可以说相当冒昧和自负，原因有二：第一，作为战败之师的指挥官，他没有资格与昂基安公爵讨价还价；第二，西班牙人没有在罗克鲁瓦城内，而是在城外作战，也就是说一直在野外交锋，技术上不符合他提出的条件。然而，或许是出于对西班牙方阵英勇行为的尊重，慷慨大度的昂基安公爵还是同意了这一请求。筋疲力尽的西班牙人带着尊严铩羽而归。上午10点左右，战斗停止。罗克鲁瓦这场血腥遭遇战伤亡惨重。西班牙军队损失了7000—8000人，另有7000人被俘，而法军则

疲惫不堪的法军两次出击未果，付出了血的代价。

损失了至少4000人。

尽管这场冲突并没有结束三十年战争，但使法兰西在短期内挣脱了侵略者的魔掌。对法兰西人来说，这是一场极具象征意义的胜利，因为这是一个多世纪以来，西班牙军队为数不多的惨败之一。人们认为，挫败西班牙步兵方阵尤其值得大书特书，毕竟这些精锐步兵曾经那样不可一世。罗克鲁瓦战役之后，西班牙日薄西山，一蹶不振。法兰西主导欧洲事务的日子已经来临。

▲ 在罗克鲁瓦附近的沼泽地上，法西两军排出了几乎相同的阵形

纳西比战役

英国内战中,王军和议会军兵戎相见的一场关键战役

北安普顿郡纳西比村,1645年6月14日星期六

纳西比只是英格兰中部地区的一个小村庄,但1645年6月14日上午,它却成为英国内战中一场关键战役的主场。英国内战这场血腥的全国性冲突已经持续了3年有余,哪一方都未能占明显上风。如今,议会军比以往任何时候都更加坚定地要彻底推翻保皇党的事业。是日,现代化正规部队新模范军终于在大战中胜出。

圆颅派威震四方的首领奥利弗·克伦威尔(Oliver Cromwell)亲临战场,但他不便亲自指挥,因此,这一重任落到了天才指挥官托马斯·费尔法克斯(Thomas Fairfax)肩上。保皇党王军则由国王查理一世统率,他得到了保皇派臣民的支持。

上午9时一过,战斗便在北安普顿郡雾蒙蒙的旷野上拉开了帷幕。从山脊上俯瞰村庄,新模范军12个团先发制人,向纳西比开进。现在两军相向列队,骑兵团分列侧翼,步兵盘踞中阵。王军的一名日耳曼指挥官、莱茵河的鲁珀特(Rupert)王子发现敌军骑兵在战场西边移动,于是便开始在雾中发起骑兵的快速冲锋。他们冲进议会军大阵,把惊慌失措的议会军骑兵打得人仰马翻,但没有攻击已经暴露出来的步兵,反倒是冲向纳西比村中心的辎重车队。接踵而至的是查理一世的步兵和其余的骑兵部队。他们对军心不稳的议会军大举发动了正面攻击。这波来势汹汹的突袭把议会军逼得连连后退,但王军并没有保持住进攻势头,也未能在议会军缓慢但决绝地开始重新集结时对他们造成致命打击。

鲁珀特主攻辎重车队的决定,给费尔法克斯创造了难得的喘息之机,费尔法克斯迅即下令由克伦威尔率领的骑兵进攻敌军侧翼。这次袭击成为整个战役的关键之举。面对议会军的快速进攻,由马默杜克·兰代尔(Marmaduke Langdale)爵士指挥的王军斗志全无,深陷钳形夹击之中,直至彻底崩溃。假如兰代尔的侧翼能够拼死抵抗,王军还有可能转危为安,但事实并非如此。这时,查理一世的阵形洞开,左右两翼和中阵全都在敌军攻击下危如累卵,投降已近在咫尺。

鲁珀特王子很快率队从辎重车队那里杀将回来,但也爱莫能助。随着尘埃落定,王军显然已经输掉了这场战斗,在短短3个小时内,1000多人战死疆场。相比之下,新模范军只有大约200人阵亡。当王军残部四散奔逃时,查理一世许多优秀的指挥官曝尸荒野,火炮被丢弃得到处都是。这场战役沉重打击了国王查理一世,在不到1年的时间里,王军最后的抵抗力量也被肃清。克伦威尔现在是无可争议的生杀予夺的国家领袖,护国公的时代开始了。

王军

步兵6000人
骑兵5500人

国王查理一世
统帅

查理一世对议会在治理国家中的作用不屑一顾。他热衷极权统治的做法，导致局势紧张，直至内战爆发。
优点：笃信君权神授。
缺点：由于执政期间的行为而造成支持率下降。

王军
主力部队

精锐骑兵部队是查理一世军事实力的核心。
优点：经受过漫长而艰苦的内战洗礼。
缺点：依据个人地位而非战斗力用人。

火绳枪
主战武器

一种骑兵和步兵都使用的滑膛枪。
优点：杀伤力大，射程远。
缺点：装填速度慢，精准度不高。

05 战局逆转

由于辎重车队奋勇抵抗，鲁珀特的骑兵没占到什么便宜，战局开始向有利于新模范军的方向转变。兰代尔的手下很快被歼灭，王军的软肋暴露无遗。克伦威尔没有重蹈鲁珀特的覆辙。他挥师冲入敌阵，对查理一世的步兵形成了钳形夹击。战局已经逆转，王军苦苦挣扎。

03 王军初战告捷

鲁珀特的骑兵发起的猛烈进攻令议会军被迫退却。然而，王军并没去攻击步兵，而是决定把进攻重点放在议会军的辎重车队上。

02 离开山脊

刚洗劫完莱斯特归来的王军登上山顶，但很快便下到战场。克伦威尔和费尔法克斯的枪骑兵则同时沿着萨尔比树篱（Sulby Hedge）移动，向王军侧翼进行射击。这场小规模冲突，发生在鲁珀特王子放弃居高临下的有利地形、向新模范军发起冲锋的时候。战斗打响了。

07 国王脱逃

查理一世迅速评估了急剧恶化的战局，已无心恋战的他逃离了战场。鲁伯特率领骑兵杀了回来，但为时已晚。

08 结局

纳西比一战，王军损失惨重，被一气追杀出去近20千米。克伦威尔和费尔法克斯缴获了大量被王军遗弃的火炮和补给。查理一世及其支持者没能从这次惨败中恢复元气，1646年，他的军事机器在牛津彻底崩溃。

06 新模范军优势突显

议会军人多势众的优势现在开始凸显出来。克伦威尔的骑兵驰援了议会军左翼，左翼反过来又加强了中阵的力量。在3条战线攻击下，王军步兵被死死钳住。由于无法调动预备队，王军已经濒临绝境。

04 费尔法克斯的总体计划

到上午11时，王军步兵已经与议会军战到一处，也取得了一些初步战果。然而，随着大量王军骑兵去围攻辎重车队，费尔法克斯掌握了战场的主动权。统帅左翼的克伦威尔率军向兰代尔指挥的王军右翼发起了摧枯拉朽般的进攻。

01 纳西比之路

1645年6月，英国内战鏖战犹酣。人们说服查理一世从牛津要塞出发，去解救被议会军包围的切斯特。此时，奥利弗·克伦威尔的新模范军主力为避免任何冲突，正在远离切斯特的地方集结，以全力向北挺进。这一时间差使新模范军的战斗力在抵近纳西比之前达到了顶点。

新模范军

步兵7000人
骑兵8000人

托马斯·费尔法克斯爵士
统帅

1645年，费尔法克斯被任命为新模范军总司令，由于《自我否定条例》的规定，费尔法克斯的军衔高于克伦威尔。

优点：长期在北方议会军服役。

缺点：纳西比之战是他作为总司令指挥的首次重大战役。

议会军骑兵
精锐部队

由约翰·奥基（John Okey）上校指挥的议会军骑兵部队超过1000人。

优点：盔甲可以偏转枪弹射击和剑击。

缺点：易受骑兵攻击。

军刀
主要武器

由于火枪速度很慢而且精度不高，因此冷兵器在英国内战中仍然大有用武之地。

优点：近战利器。

缺点：无法防御远程攻击。

战争的象征：马刀

在19世纪拿破仑战场上，
马背上挥舞的冰冷弯刀堪称夺命利器

18世纪，第一批类似马刀的军刀（或称弯刀）传到了欧洲，它是帝国列强对亚洲马穆鲁克奴隶兵手中兵器的改良版，有轻型和重型之分。36英寸[①]重型军刀一下便可砍断肢体。

它们由1055碳钢制成，坚固耐用。在美国独立战争中，美国人将这些军刀的作用发挥到了极致。于是，英国人决定自己设计出一款军刀，1796轻型马刀便应运而生。

这种轻便的弯刀能在马背上做出快速劈砍动作，在拿破仑战争中屡立战功。由于这种马刀极受欢迎，普鲁士政府特地订购了6000把，以更新刀剑。加长的刀锋更注重劈砍而非刺捅，进而提升了战场上渐被淘汰的骑兵的实战价值。

这种军刀有轻型和重型之分。36英寸重型军刀一下便可砍断肢体。

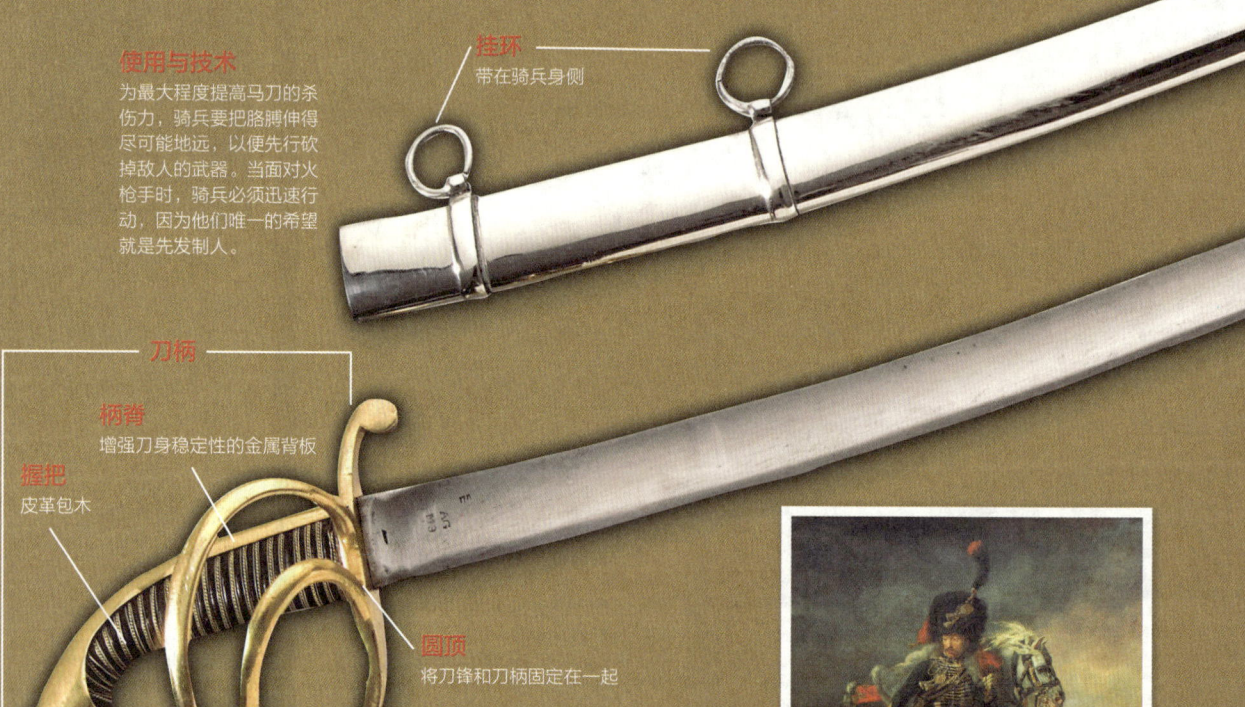

使用与技术
为最大程度提高马刀的杀伤力，骑兵要把胳膊伸得尽可能地远，以便先行砍掉敌人的武器。当面对火枪手时，骑兵必须迅速行动，因为他们唯一的希望就是先发制人。

挂环 —— 带在骑兵身侧

刀柄

柄脊 增强刀身稳定性的金属背板

握把 皮革包木

圆顶 将刀锋和刀柄固定在一起

护手 保护持刀之手

包头 防止手柄过紧

▶ 这幅标志性油画描绘的是拿破仑时代法兰西皇家骑兵卫队手持马刀的军官

① 1英寸约等于2.54厘米。

枪骑兵、轻骑兵和龙骑兵

18、19世纪的骑兵种类繁多，在战场上各司其职。轻骑兵和枪骑兵是轻装骑兵，龙骑兵是中型骑兵，铁骑军是重装骑兵。轻装骑兵主要用于侦察和袭击步兵，而重装骑兵则用于突破敌阵，是那个时代的终极突击部队。

▲ 1809年型马刀

▲ 鼎盛时期的重装骑兵对步兵的打击是毁灭性的

刀鞘 用于保护刀锋

刀锋 专为劈砍而非刺捅设计

马刀设计

马刀刀柄的形状和大小各异，取决于服役的军队、所在的兵团，以及他们的钱包有多鼓。有些刀柄上嵌有奢侈的装饰品，既能保护挥刀之手，又能增强握力。有的刀刃上还刻有徽记。作为贯穿18世纪始终的高质量兵器，马刀在拿破仑战争期间被步兵和骑兵广泛应用。除了用于实战，它们还被用作仪仗兵器，迄今仍会出现在阅兵和正式游行中。

这把装饰华丽的马刀是法兰西第一帝国轻骑兵一位高级军官的佩刀

拿破仑战争期间法国轻骑兵团军官使用的马刀

拿破仑帝国卫队指挥官米歇尔·奥德内（Michel Ordener）使用的大柄马刀

战争的象征：铁骑军盔甲

随着火器的使用逐渐改变了欧洲战争的形态，骑兵需要与时俱进，改进盔甲

头盔
前额部位的横隔是为了阻挡刀刃的下滑，以免造成致命伤。这种全封闭头盔，也就是所谓的近战头盔，由于太不实用而渐遭淘汰。

重装骑兵
重装骑兵盔甲出现于17世纪早期，旨在应对战场上火器使用的增加。相比中世纪早期的盔甲，它们更厚，也更灵活，数层叠合在一起能提供额外的防护。当这套盔甲制成后，人们会用滑膛枪对其射击，以测试其抵挡枪弹的效果。测试留下来的"弹痕"证明它们在战场上能够发挥防护作用。

详情
年份：约600年
重量：30—40千克
材料：钢、皮革、锁子甲
起源：欧洲萨瓦式

大半身长度
重在保护骑兵的躯干和大腿。当时盔甲的制造和塑形，需要时刻想着坐在马鞍上的骑兵。专为步兵制造的、半身长度的此类盔甲则没有腿部保护功能。

躯干护甲
胸甲骑兵得名于他们佩戴的胸甲。到18世纪末和19世纪初，胸甲骑兵只戴胸甲和头盔，以此护住身体最重要的部位。

马刀攻击
臂甲上没有了额外的负重，胸甲骑兵挥刀杀敌就更加轻松。到了19世纪，剑已成为胸甲骑兵的主战武器，虽然长矛或手枪仍在使用，但使用频率有所下降。

仪式
胸甲骑兵的头盔与其在17世纪的作用渐行渐远，设计渐趋时尚和华丽。胸甲骑兵部队在拿破仑战争期间真正形成了自己的风格，每个国家的骑兵只消瞥一眼其独特的外观就能认得出来。

▼ 胸甲骑兵盔甲仍然可以在许多骑兵部队的仪式和阅兵制服上看到，英国皇家骑兵就是一例

现代和当代

142　工业化时代的战争　　157　康布雷战役　　169　20个大战利器

142

152

工业化时代的战争

技术进步扩大了现代战争的规模，
促进了全面战争和军工联合体的发展

迈克·哈斯库 / 文

19世纪中期的战争，开启了一个杀戮艺术与科学突飞猛进的时代。民用和军用技术继续以惊人的速度发展，火药、通用件、蒸汽机等的发明和发现得到了更加充分的应用。

1853—1856年的克里米亚战争，因其在军事装备方面的技术进步，被许多历史学家认为是第一场真正意义上的现代战争。在这场冲突中，铁路通过将大量的人员和枪支运送到战场，使其效能得到了实测。铁甲战舰、大口径火炮以及此前杀伤力还不为人知的单兵肩扛武器纷纷被引入战争。1849年，法兰西陆军上尉克劳德·爱迪尔内·米涅（Claude-Étienne Minié）发明了一种以他的名字命名的新型子弹——米涅弹。它的特点是内置一个带凹槽的圆锥体，与枪管中的膛线相吻合，使子弹在离开枪口时能够产生旋转，因此比滑膛步枪的弹丸射程更远、精度更高。

美国南北战争进一步凸显了米涅弹的致命杀伤力，而连发步枪的发明也给步兵带来了前所未有的死亡规模。士兵们说，斯宾塞连珠枪"周日装满子弹，能打上一个星期"。到了20世纪初，随着英国、德国和其他国家开发的高精度

▶ 这张令人痛心的图片描绘的是在第一次世界大战伊普尔战场上，一名操纵着机关枪猛烈射击的英军士兵。他死于化学武器袭击

▲ 俄罗斯白杨洲际弹道导弹，射程2000—10500千米

栓式步枪开始普及，肩扛武器变得更加高效。1895年，英国发明家海勒姆·马克沁（Hiram Maxim）为机关枪申请了专利，进而改变了战场。骑兵突然成为明日黄花。第一次世界大战期间，机关枪的高速射击使其成为高效的"生命收割机"。

第一次世界大战的战火也让人们领略了化学战的恐怖。炮弹炸出的氯气云和其他气体造成士兵呼吸困难甚至失明，伤害极大。1916年，坦克在索姆河战役中首次亮相，以其强大的装甲、机动性和火力取代了骑兵。在后来的战争中，坦克变成了一个无坚不摧的机械怪物。德国的豹式和虎式坦克、盟军的谢尔曼坦克、T-34型坦克、玛蒂尔达坦克和丘吉尔坦克在第二次世界大战中纷纷成为传奇。在第一次伊拉克战争的战场上，M1艾布拉姆斯坦克、挑战者2号坦克和T-72坦克参加了战斗，而像"M2布拉德利"这样的装甲战车（AFV）也脱颖而出。

第二次世界大战期间，机关枪地位变得更加显赫，德国的MG-34和MG-42机关枪射速惊人，而美国的勃朗宁0.50口径机关枪则是一个神话，直到今天仍在生产。德国步兵首先使用了真正意义上的StG-44突击步枪，进而催生出

与众不同的爆炸

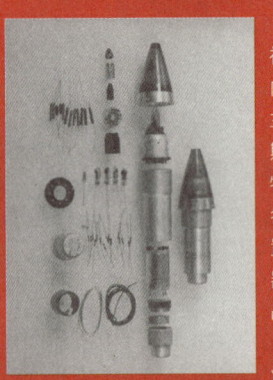

美国参加"二战"初期，在首都华盛顿卡内基研究所和位于马里兰州巴尔的摩的约翰斯·霍普金斯大学应用物理实验室工作的数十名科学家开发了一个装置。尽管它本身不是武器，却永远改变了现代战争。

他们发明的是近炸引信。其发明背景并不复杂。在近炸引信问世之前，炮手必须估算炮击目标的距离并手动进行控制。有了无线电接收机和发射机的助力，炮弹只要接近目标75英尺左右就能被引爆。结果，摧毁效率令人震惊。例如，在海战中，再优秀的炮手通常也要发射2500发或更多的炮弹才能击落一架来袭敌机。1942年春季，美军海伦娜号巡洋舰在瓜达尔卡纳尔岛附近利用近炸引信击落了两架日本俯冲轰炸机。炮手们只发射了50—60发炮弹，而且并非每颗炮弹都装有新的引信。

推动近炸引信研发的，是来自卡内基研究所的物理学家杜武（Merle A Tuve）。1940年夏天，他说服政府官员投资开展研究。虽然有时为人们所忽视，但这种装有近炸引信的炮弹，其实是世界上第一种智能武器。小乔治·S. 巴顿将军说："带有滑稽引信的新型炮弹给敌人造成了毁灭性打击。你们抢先一步鼓捣出来这么个东西，真为你们感到高兴。"

军备竞赛催生出了相互保证毁灭原则……

了新一代自动武器。这种类型的武器中,最为著名的是俯拾皆是的"AK-47"。第二次世界大战也使M1加兰德半自动步枪在美军中得到普遍使用。

在海上,随着铁甲舰的引入,世界海军也发生了翻天覆地的变化。美国南北战争期间,当联邦海军"莫尼特号"和邦联海军"弗吉尼亚号"在弗吉尼亚的汉普敦水道作战时,帆船时代突然告终。所有的木船全都退出了历史舞台,全球海军军备竞赛接踵而至。1906年,英国皇家海军推出的无畏号战列舰,为海上火力树立了新标杆。接着,在第二次世界大战期间,随着航空母舰的出现,战列舰也黯然失色。航母将空中力量投射到宽广浩渺的海洋。在第二次世界大战期间,潜艇构成了一种隐蔽的威胁。德国的U型潜艇在公海上击沉不计其数的舰只,曾经两度差点儿令英国俯首称臣。现代潜艇同时扮演攻击和弹道导弹发射平台两种角色。而今天的海军依靠进攻性和防御性武器系统,来消除肉眼看不见的敌人的威胁。

从克里米亚战争到1904—1905年日俄战争期间日本入侵今中国大连旅顺口区,再到第一次世界大战堑壕战,以及更多其他的战争,炮兵开始锋芒毕露。英国冶金学家亨利·贝塞麦(Henry Bessemer)发明了量产坚固钢材的方法。此法生产出来的钢材能承受住大口径炮弹的发射压力。从那时起,野战炮在杀伤集结步兵、摧毁其他目标方面大显神威。线膛炮能将砖砌防御工事夷为平地,迫使要塞据点相应地重新进行设计。反过来,堡垒上也布满了枪炮,以抵御来自陆地和海洋的威胁。日本人在旅顺口使用了280毫米甚至更大的重炮。重炮的轰击为陆上作战奠定了基调。

随着火炮的发展,第二次世界大战期间导弹的出现,影响了自20世纪中期以来的每一次冲突。纳粹德国用冲压式喷气发动机提供动力,完善了V-1飞行炸弹;还为V-2火箭安装了1000千克的弹头,使世界上第一枚弹道导弹得以问世。德国还生产出现代巡航导弹的前身,即制导和非制导导弹,凸显了多功能武器系统"一射了之"的特征。由于先进的制导系统,如今的导弹可以实施精准打击,智能武器时代随之而来。

第二次世界大战结束之际,人类走进了原子时代。美国投放的两颗原子弹摧毁了日本的广岛和长崎。核武器的开发从根本上改变了世界对战争的看法。全球超级大国(当时的大英帝国、

▲ 第一次世界大战期间,机关枪连同潜艇、飞机和坦克所造成的伤亡人数史上空前

▲ 1917年,在第一次世界大战西线的康布雷战役中作战的英国马克I型坦克。这是世界上第一辆坦克

▲ 1945年8月9日在长崎被投下的原子弹摧毁了这座城市，伤亡人员数以万计，其中一些人慢慢死于辐射病

美国和苏联）开发出了庞大的冷战核武库，包括机载炸弹、潜射导弹以及能够携带多弹头打击不同目标的洲际弹道导弹（ICBM）。不久之后便诞生了氢弹。它利用的是结合热核聚变，而非单独的核裂变，破坏力比早期的核武器要大很多倍。军备竞赛催生出了相互保证毁灭（MAD）原则，迫使各大国坐到谈判桌前，以遏制核武器的扩散。今天，至少有9个国家拥有核武打击能力。

作为最具影响力的军事技术之一，飞机彻底改变了现代战争的作战方式。在首次载人飞行成功试飞后的几个月内，飞机的军事意义就已昭然若揭。在1911—1912年意大利—土耳其战争中，飞机首次被投入实战，并在第一次世界大战期间开始流行。最初，飞机被用于侦察，后来被用作轰炸机和战斗机。线条流畅的单翼飞机从第一次世界大战的双翼飞机发展而来，在两次世界大战期间得到进一步开发，并在第二次世界大战期间成了空中霸主。敏捷的战斗机负责进行空中追逐战，轰炸机则对敌人的城市进行暴风骤雨般

> ……第二次世界大战期间导弹的出现，影响了自20世纪中期以来的每一场冲突。

现代武器的里程碑

关键节点
汉普敦水道之战
1862年3月9日
美国南北战争期间，铁甲舰"莫尼特号"和"弗吉尼亚号"在弗吉尼亚汉普敦水道展开激战。战斗之前，"弗吉尼亚号"撞沉了北方海军的一艘木制战舰，并致另一艘战舰搁浅。1860年，以法国海军"光荣号"为原型的新型铁甲舰首次服役，开启了以钢铁和重型武器为特征的世界现代海军飞速发展时代。

关键节点
坦克实战首秀
1916年9月15日
在第一次世界大战索姆河会战的弗莱尔—库尔瑟莱特战斗中，英军的坦克首次被投入实战。坦克项目最初由皇家海军主导研发，后来盟军使用了大量坦克。德国做出了有限的回应，只生产出了20辆庞然大物般的A7V主战坦克，而法国则制造出了施耐德、圣沙蒙和多用途雷诺FT17型坦克。坦克融速度、装甲保护和火力于一体，成为未来战争的主要武器。随着技术不断升级进步，坦克的火力更猛、动力更足、装甲愈加坚固。

● **米涅弹**
法国陆军上尉米涅发明的这种子弹，使小型武器发生了革命性变化。凹槽使弹丸在飞行中旋转，其射程和精度极大地增强了步枪的杀伤力。
1849年

● **马克沁机关枪**
美国出生的英国发明家海勒姆·马克沁发明了第一台全自动机关枪，改变了陆战的进程。机关枪被世界各地的军队所采用，成为20世纪最致命的武器之一。
1884年

● **霍兰德与潜艇**
发明家约翰·霍兰德（John Holland）发明了第一艘能在水下航行相当长距离的潜艇。潜艇成为两次世界大战的主战武器之一，也是发射核导弹的平台。
1897年5月7日

● **防弹衣**
波兰发明家卡齐米尔·泽格伦（Casimir Zeglen）发明了世界上第一件防弹衣。它是由复合材料制成的防护装备的先驱。这项发明利用的是丝织物，可以阻挡子弹，而且不需要钢板。
1893年

的轰炸。或许闪电战的空袭以及随后对德国和日本城市的破坏,能充分证明工业化时代的全面战争就是以平民、工厂和基础设施为目标的战争。

第二次世界大战期间,随着喷气式飞机时代的来临,新型发动机比早期活塞发动机的动力更强,传奇般的超级马林喷火式战斗机和北美P-51野马战斗机便是如此装备。德国梅塞施米特Me262战斗机是世界上第一架用于实战的喷气式飞机。整个冷战时期,美国、英国、法国和苏联也都部署了自制型号的战机。最新的战斗机采用的是隐形技术,不会被敌人的雷达发现。这些飞机通常是多用途的,主要用于执行作战、轰炸和侦察任务。

过去150年间,军事技术的稳步发展已经把太空开辟成了新的战场。在冷战期间,各国都在致力于应对核毁灭威胁,进而在进攻性武器研发方面投入巨大,积极破解有效防御洲际弹道导弹的难题。20世纪80年代,美国总统罗纳德·里根提出了反弹道导弹防御系统之战略防御计划(SDI),也就是众所周知的"星球大战"计划。许多国家均部署了用于导航和监控等战略军事目的的卫星,从而拉动了如今许多人依赖的民用全球定位系统(GPS)技术的发展。

硬化钢

1854年,英国著名实业家亨利·贝塞麦(Henry Bessemer)觐见法国皇帝拿破仑三世时,带去了一项发明:一种比传统武器更重的、底部带凹槽的炮弹,它可与炮管膛线相契合。贝塞麦告诉皇帝,这种炮弹的火力和精准度远胜过同时代任何一种炮弹。问题是,虽说拿破仑三世热情高涨,但他的将军们却不为所动。当时的炮管是用价格较低的铸铁制造的,毕竟钢材要贵得多,然而,这种炮管无法承受贝塞麦新炮弹发射时产生的内部压力。在激烈的战斗中,炮管会爆裂,造成灾难性后果。因此,为兜售这款新炮弹,贝塞麦所要做的是,大量低价生产优质钢材,以制造更加坚固的炮管。

当时的制钢工艺需要6周的时间,用木炭加热熟铁渗碳,然后将其卷成工业用棒材,因其产量有限,难以满足军事需要。贝塞麦发现,将烧红的生铁(直接从熔炼炉中取出的块炼铁)在空气中敲打,可以去除一些碳杂质。反复敲打便能生产出更纯净、更坚韧的钢材,而不需要外部加热。在克里米亚战争最激烈的时候,贝塞麦在半小时内就生产出了30吨的优质钢材。他的这一突破引发了第二次工业革命,改变了战争的方式。虽然贝塞麦的炮弹从未找到过买家,但他却因生产优质钢材赚得盆满钵满。

关键节点
反卫星激光武器
1997年10月

冷战期间,人们在发展核武器的同时,也积极致力于加强对核武器的有效防御。上世纪80年代,美国总统罗纳德·里根倡导建立所谓的"星球大战"防御系统。20世纪90年代,重点转移到反卫星激光武器技术的研发,并且在进入21世纪之前,美国测试了地基反卫星激光武器系统。这时,抵消高能激光束在大气中的耗散、使其有能力推毁在轨卫星是当务之急。进入21世纪,相关试验仍在继续,同时,人们也开始注重建立有效的机载导弹战略防御系统。

● **第一架实战飞机**
德国梅塞施密特Me262飞机首飞。尽管它被投入实战过晚,已无法左右第二次世界大战的结局,但作为世界上第一架喷气式飞机,它开创了空战的新时代。
1941年4月18日

● **原子时代**
美国飞机在日本广岛和长崎投下原子弹,让世人见证了原子弹爆炸的破坏力。第二次世界大战结束后,冷战和核军备竞赛接踵而至。
1945年8月

● **氢弹**
美国温室行动期间进行的代号为"乔治"的小规模核聚变试验,成功引爆了氢弹。这是世界上第一个热核武器,核有效载荷比早期装置大得多。
1951年5月9日

● **多弹头分导再入载具进入军备竞赛**
美国洲际弹道导弹应用的是多弹头分导再入载具(MIRV)技术,一枚导弹可以携带多个弹头、对多个目标实施打击。迄今为止,俄罗斯、中国、英国、美国、以色列和法国都拥有这项技术。
1970年

● **等离子声盾系统**
美国恒星光电公司(Stellar Photonics)试验的等离子声盾系统(PASS),旨在通过空中爆炸、高能扬声或强光来迷惑敌人。虽然没有被归类为武器,但其分散注意力或使人丧失行动能力的特性却不容小觑。
2008年

长剑刺刀的长度足够用于白刃格斗,但又短到可以装在贝克步枪枪口下的刺刀座上。

▼ 用长剑刺刀武装起来的英国步兵在四臂村战役（1815）中，排成方阵迎击骑兵的冲锋

▼ 1918年，战壕里的澳大利亚步兵装备有英国1907型长剑刺刀

英国长剑刺刀
19 世纪

在19世纪初，虽然火器正处鼎盛时期，但燧发枪缓慢的装弹速度，令步兵面对骑兵冲击时显得不堪一击，和1000年前的情形没什么两样。

长剑刺刀的长度足够用于白刃格斗，但又比滑膛枪短，可以装在贝克步枪枪口下的刺刀座上，将贝克步枪做长矛使用。经过严格训练的步兵可以排成方阵，刀尖朝外来抵御冲击。

与早期尖锋刺刀不同的是，长剑刺刀上带有血槽，既能让敌人快速失血，又便于拔刀，防止刺刀楔入体内。

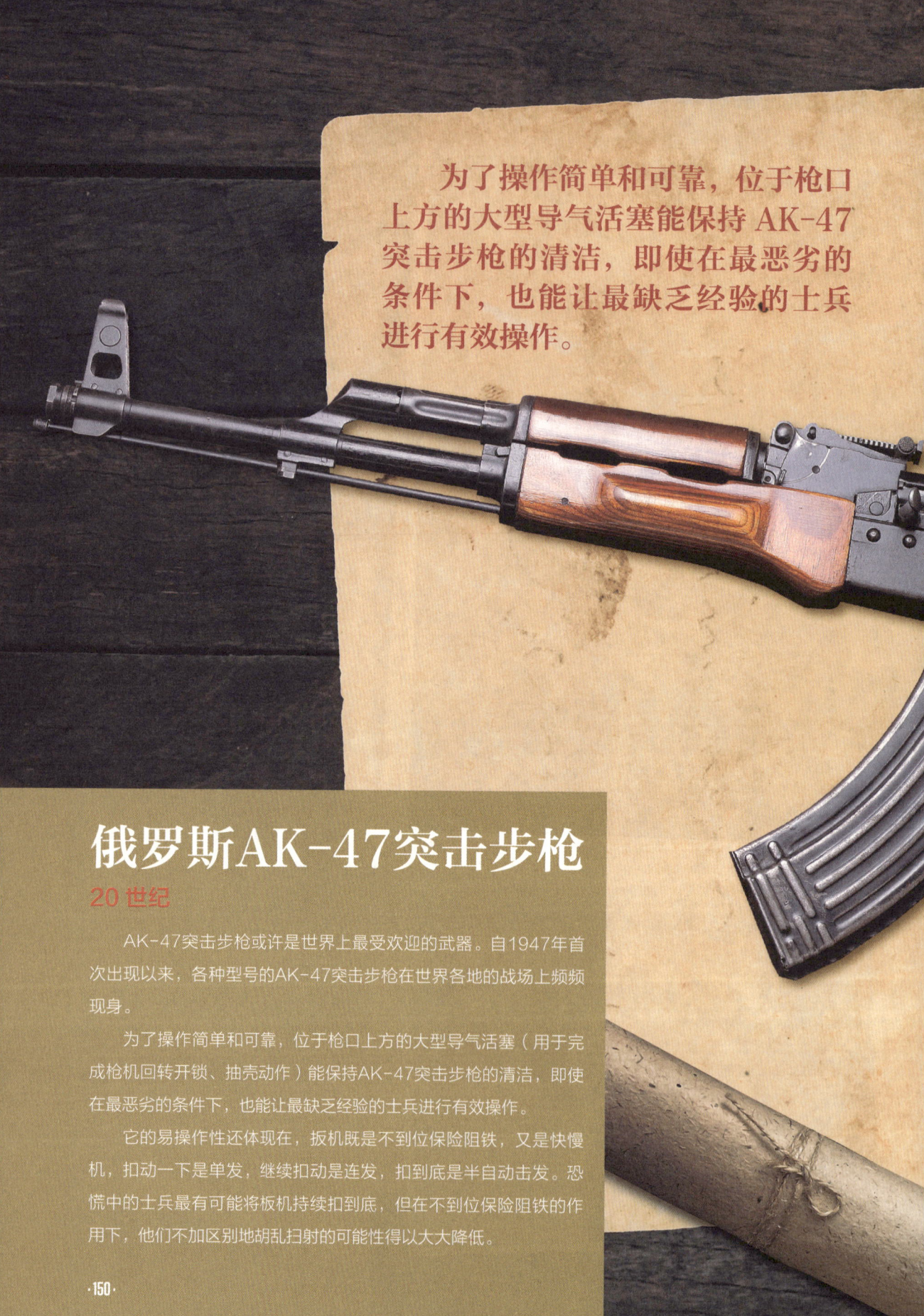

为了操作简单和可靠，位于枪口上方的大型导气活塞能保持AK-47突击步枪的清洁，即使在最恶劣的条件下，也能让最缺乏经验的士兵进行有效操作。

俄罗斯AK-47突击步枪
20 世纪

AK-47突击步枪或许是世界上最受欢迎的武器。自1947年首次出现以来，各种型号的AK-47突击步枪在世界各地的战场上频频现身。

为了操作简单和可靠，位于枪口上方的大型导气活塞（用于完成枪机回转开锁、抽壳动作）能保持AK-47突击步枪的清洁，即使在最恶劣的条件下，也能让最缺乏经验的士兵进行有效操作。

它的易操作性还体现在，扳机既是不到位保险阻铁，又是快慢机，扣动一下是单发，继续扣动是连发，扣到底是半自动击发。恐慌中的士兵最有可能将扳机持续扣到底，但在不到位保险阻铁的作用下，他们不加区别地胡乱扫射的可能性得以大大降低。

现代和当代的武器

▼ 在伊拉克战争中,美国海军陆战队烧毁了缴获的成堆塔布克6.62毫米突击步枪。塔布克是伊拉克根据南斯拉夫扎斯塔瓦M70突击步枪仿制的,而"扎斯塔瓦M70"又是苏联AK型的翻版,足见AK型突击步枪的种类之多

◀ 2016年5月,伊拉克士兵用AK型突击步枪仿制品进行训练。这种枪坚固耐用,易于保洁,在中东等沙尘环境中仍然颇受欢迎

▼ 第二次世界大战期间,一排超级马林喷火式战斗机在机场上等待投入战斗

现代和当代的武器

英国超级马林喷火式战斗机

20 世纪

毋庸置疑，超级马林喷火式战斗机是20世纪最具标志性的战机。它的设计初衷是为了提高飞行速度，下单翼结构和椭圆形曲线机翼令其在1936年首次推出，便成为世界上速度最快的飞机之一。

虽然超级马林喷火式的数量不如霍克飓风式战斗机那样多，但1940年不列颠之战期间，它们在与纳粹军机的缠斗中声名鹊起，并在第二次世界大战（1939—1945）中扮演了各种各样的角色，发挥了非同凡响的作用。

无论是作为航母甲板上起飞的海喷火战斗机，还是作为测绘德军防御工事的隐蔽摄影侦察机，超级马林喷火式战斗机都确保了盟军的空中优势，最终从天上打赢了这场海陆战争。

▲ 1942年5月，一架喷火式战机正在美国大黄蜂号航母甲板上降落。由于马耳他遭到意大利和纳粹德军的空袭，作为历法行动（Operation Calendar）的一部分，美国大黄蜂号航母将英国皇家空军603中队的47架喷火式战机运送到马耳他

堑壕

19 世纪

虽然堑壕战与第一次世界大战（1914—1918）密不可分，但如今人们认为，大规模堑壕战首次出现在19世纪末的克里米亚战争（1853—1856）和美国南北战争（1861—1865）中。

爆炸炮、机关枪的改进以及小型武器射速的提高，使得血肉之躯变得比以往任何时候都不堪一击。在美国南北战争中，人们为了免遭枪林弹雨的袭击，开始挖掘、建造愈发复杂的掩体工事。

到第一次世界大战结束时，西线参战各方在这方面的技术日臻专业、熟练。他们挖掘的堑壕线都经过精心设计，并用沙袋和混凝土砌块巢加固，修出射击踏步，配上梯子，再用迷宫般的交通壕、支援壕、道路和铁路线将它们连接起来。

▲ 弗吉尼亚州彼得斯堡的邦联战壕和工事。壕壁用一种叫柴捆的成捆棍子进行加固，以防止堑壕坍塌

现代和当代的武器

经典大战

康布雷战役

英军部署坦克旨在加快第一次世界大战的进程，结果却改变了战争的面貌

乔纳森·哈特富尔 / 文

1917年11月20日—12月7日，法国康布雷

谁参战？
包括英联邦和美国军队在内的英国第三集团军对抗德国第二军。

怎么打？
这是第一次世界大战中的首次大型坦克战，英国把数百辆改良的马克IV型坦克部署到战场上。

在哪儿打？
法国康布雷。作为兴登堡防线的一部分，康布雷戒备森严，是德军的重要补给站。

为什么？
为了打破堑壕战的胶着状态，这次战役旨在48小时内展开闪电攻击，以夺取关键阵地。

结局
这是坦克和步兵之间协同作战的重要战例，虽然付出了巨大代价，但战术收获寥寥。

到1917年，英国军队的战争观念已经发生了颠覆性的变化。在旷野上为荣耀而战的浪漫理想，早已被践踏进了带刺铁丝网环绕的、索姆河战壕的血色稀泥里。士兵们为了向前推进几英寸的距离而前仆后继。3年来，法国战场上几乎寸土未进的军事行动，最终使英军指挥官恍然大悟。

因为改变迫在眉睫，康布雷攻击计划由3个方面提出来也就不足为奇了。英军的炮火准备动静大，这使得德军总能够觉察到英军即将发动攻击，从而先战术撤退再进行反击。1917年8月，炮兵指挥官亨利·休·都铎（Henry Hugh Tudor）准将提出火炮进行"无声校准"，这样，即便炮兵进入阵地，也不致令敌人警觉。106号瞬时引信的使用，意味着炮弹撞击目标之际会立即引爆，从而使这一行动进展顺利。

与此同时，坦克部队准将休·埃利斯（Hugh Elles）和中校约翰·富勒（John Fuller）迫切希望有机会展示他们坦克的实战价值。富勒坚信他们有能力实施闪电突袭，粉碎德军的抵抗，推动英国战线前进。第三集团军司令朱利安·宾（Julian Byng）将军意识到，这与都铎的计划不谋而合。宾把目光转向了德军补给站康布雷这一安静地带。尽管该地区有兴登堡防线的深壕和铁丝网防御，戒备森严且具有战略价值，但对其发动袭击肯定出乎德军所料。

共有6个步兵师、5个骑兵师和9个坦克营以及调集的1000多门火炮参与了协同攻击行动，战线宽约9千米，由第三集团军第三、第四军主攻，随着攻势的展开，战线进一步拉长。第三军不得不攻破马涅勒—博列沃（Masnières-Beaurevoir）防线，使骑兵能够在48小时内绕过康布雷，切断其与增援部队的联系。显然，保密至关重要。

马克IV型坦克分为"雄性"和"雌性"两种。前者装备有4挺刘易斯轻机关枪和2门6磅霍奇基斯舰炮；后者装备有6挺刘易斯轻机关枪。由于没有舰炮，雌性坦克更轻，为26吨，而雄性坦克则重达28吨。坦克乘员注意到，"雄性"坦克开有后门，但"雌性"坦克的门贴近地面，紧急情况下很难逃生。这种坦克驾驶室内可坐8名乘员，时速只有3.7英里，在恶劣环境中行驶通常时速只能达到1英里左右。

坦克在前为步兵提供掩护，因为它们的履带能毫不费力地碾碎铁丝网。每辆坦克都载有填塞德军战壕的束柴（成捆的木头和树枝），以便坦克通过战壕。同时，一些坦克上还安装了抓钩，在行进中能拖走纠缠的铁丝网，从而为前进的骑兵扫清障碍。

为了让这场所谓的"发条式"战斗顺利进行，有几件事情需要做得井井有条、恰到好处。在之前的一些战役中，道格拉斯·黑格（Douglas Haig）元帅曾因不自量力而饱受其害。他认定康布雷的进攻目标有限，必须要在规定的时间内完成任务。将伤亡人数降到最低尤其重要，特别是当他被迫派出两个师支援意大利前

▲ 战斗中的英军士兵留影。照片原标题是："在弹坑里，我们像基尔肯尼猫那样拼死战斗[①]"

① 俚语，指两只猫打架，直到有一方吃掉对方，只剩下尾巴，意为打得两败俱伤，斗个你死我活。出自伊索寓言。

共有6个步兵师、5个骑兵师和9个坦克营以及调集的1000多门火炮参与了协同攻击行动。

线时,更是如此。就像这场战斗证明的那样,各师之间的协同与沟通同样不可或缺。

战斗打响

1917年11月20日早6时20分,袭击开始,火炮齐鸣。随着战斗序幕令人震惊地拉开,英军坦克群隆隆地驶入雾中。平缓的斜坡令车手们感到驾轻就熟,而跟随进入战场的步兵和坐在坦克里的士兵一样,都惊叹于这些钢铁巨兽能轻而易举地越过铁丝网。

最初的推进似乎异常顺利。这场"发条式"战斗名副其实,因为德军对这场突如其来、令人震惊的袭击完全始料未及。英军炮兵保持着毁灭性的炮击速度,尽可能遵守每分钟两发的规定,以避免炮身过热。地面进攻也得到了英国皇家空军的支持。他们的目标是地面而非空中。当飞行员冒着机关枪的火力投弹时,天公并不作美。一支澳大利亚飞行中队在阿夫兰库尔上空穿云破雾地飞行时,飞行员们几乎看不到彼此,更不用说空袭的目标了。假如飞机坠毁,那他们必须得拼死返回前线,就像哈里·泰勒(Harry Taylor)中尉被迫做的那样,拾起阵亡士兵的武器,开始寻找援军。

这并不是说德军没有抵抗。随着时间的推移,一名德军炮兵凭借一己之力牵制住敌人的神话不胫而走。不过,这种神话对那些突然发现自己处于劣势的德国士兵有百害而无一利,对他们的信念和战斗力都如此。驻扎在康布雷附近的一些部队来自俄国前线,以前从未见过坦克。当这

▲ 陆军元帅道格拉斯·黑格是"一战"期间英军最高指挥官

▲ 朱利安·宾将军,英国第三集团军指挥官,摄于1917年4月

些钢铁巨兽向他们滚滚驶来时，我们无法知道这些士兵在想些什么，但在战术撤退之前，他们还是得依靠自己平素的训练，尽可能地进行抵抗。

不久，联络开始成为一个问题。当坦克与步兵协同作战、穿越阿夫兰库尔和格兰库尔时，一切都非常顺利，但在其他地方，步兵不得不敲打坦克门以引起坦克兵们的注意。目标的混乱，导致成群的步兵被迫在没有炮火支援的情况下攻打关键阵地。然而，坐在坦克里的士兵也有自己的恐惧。这些缓慢移动的目标吸引了敌人的大部分火力，如果由于攻击、油箱进水甚至火灾导致引擎熄火，坦克就会变成一个活靶子。而且一旦投入战斗，随着枪炮开始开火，坦克内部会变得炙热难耐，声音震耳欲聋。同时，坦克的视野范围也小得惊人，大多数坦克必须停下来才能转弯，这使它们成为战场上谁都想打一下的热门目标。

尽管如此，他们在地面上的推进速度还是令人振奋的。每一条堑壕的攻克，每一条铁丝网的清除，都是朝着目标又迈进了一步，因此士气空前高涨。随着坦克离补给线越来越远，建立一条畅通的道路和联络路线变得尤为重要。然而，事实证明，因为有泥地和铁丝网的阻碍，补给骡队几乎毫无用处，而往返运送伤兵和战俘的狭窄道路很快就拥堵不堪。

第三军巩固战果

一天下来，战斗取得了进展，却也暴露出不少问题。虽然越过战壕对坦克来说已经易如反掌，但穿过圣康坦运河却是另外一回事。马涅勒的一座重要桥梁被一辆试图穿越运河的坦克压垮，阻止了步兵前进的计划，而另一座桥梁则被地雷炸毁。由于道路堵塞，骑兵部队迟滞不前，而对于其他部队来说，与其失去联络常常意味着其被困或被迫撤退。一支形单影只的加拿大骑兵中队意识到，他们是唯一在马涅勒越过运河的部队，于是不得不重新返回对岸。

与此同时，向前挺进的坦克师与第51步兵（高地）师脱节，但弗莱斯基埃这一关键村尚未占领。在没有步兵支援的情况下，这些坦克成了弗莱斯基埃山脊上炮兵的目标，损失惨重。有些战地通信员甚至步行2英里，去努力劝说指挥官

▲ 在攻占的德军里贝库尔战壕里的莱斯特第11团士兵

▲ 加上配备的武器，"雄性"马克IV型坦克重达30吨

们相信弗莱斯基埃还没有被攻克。可问题的关键是，乔治·蒙塔古·哈珀（George Montague Harper）少将拒绝派遣后备队予以攻击。

第二天需要稳扎稳打，步步为营。马涅勒是在早上被占领的，但由于地形突出，它遭到了德军倾泻的炮弹和机关枪子弹的报复，德军飞机也很快飞转回来，打得英军求生不得。与此同时，坦克在第一天已经用光了搭建简易木桥的束捆，因此穿越战壕变得困难起来，在没有坦克开道的情况下，步兵不愿意向前推进。而第4军的情况看起来要好很多。他们一边向弗莱斯基埃开进，一边心里打鼓，担心德军正在守株待兔，结果却发现他们早已弃村而逃。相比之下，虽然骑兵帮助攻占了康坦（Cantaing），却难以按计划与坦克协同作战。同样，虽然坦克开进了村庄，但显然它们没有准备好进行巷战。由于坦克顶部没有机关枪（1918年才被装备），它们极易受到来自二楼窗口的袭击。尽管损失惨重，但丰坦还

两军对垒

英国	德国
统帅	**统帅**
道格拉斯·黑格元帅 朱利安·宾将军	格奥尔格·冯·迪尔·玛维兹（Georg von der Marwitz）将军 巴伐利亚王储鲁普雷希特
步兵	**步兵**
2个军（6个师）	1个兵团
骑兵	**飞机**
5个师	曼弗雷德·冯·里希特霍芬男爵指挥的1个战斗机联队（约40架飞机）。
坦克	
476辆（378辆突击坦克）	
飞机	**扭转战局因素**
14个中队	11月23日，由冯·里希特霍芬男爵指挥的德国空军到场，与英国皇家空军作战并攻击英军地面部队。
后备队	
4个师	
扭转战局因素	
战斗首日，378辆突击坦克令英军以难以置信的速度向前推进。	

康布雷战役

经典大战

01 康布雷攻势开局惊人。英军坦克直面德军炮火,按预定计划直扑德军防线,将战壕和铁丝网碾在履带之下。这些坦克对提振英军士气起到了无法估量的作用,当然,是在坦克尚能作战的时候。

03 就像布隆及布隆树林一样,占尽地利的弗莱斯基埃是英军的一个主攻目标,但当推进中的英军坦克与第51高地团支援步兵脱节时,它们就成了活靶子。英军放飞信鸽请求骑兵增援,但泥牛入海无消息,连就在附近的步兵都没有意识到亟需他们的驰援。这是联络不畅造成灾难性后果的实例之一,英军由此蒙受的损失巨大。

06 11月30日,德军展开全线反攻,他们对古佐库尔的进攻堪称神速。英军撤退到附近的采石场,但很快就发现这里没法给部队提供掩护,现在只剩下一个选择。英军俘虏的数量多得令人难以置信。

▼ 德国军官与一辆在康布雷缴获的英军坦克合影。在进攻中,数百辆被困或遗弃的英军坦克被德军缴获

> **英军士兵伴随着不绝于耳的枪炮声，从一棵树跑到另一棵树，在布隆森林里伤亡惨重。**

是被攻克，英军接下来的目标便是布隆及其茂密的森林。由于没有足够的兵力来巩固战果，英军攻势岌岌可危。虽然丰坦极易受到攻击，但炮火支援的请求却遭到拒绝，加之桥梁被毁，给补给运送带来了极大困难。同时，德军凭借布隆和布隆森林的地利，对英军构成了严重威胁。在部队拼死前突后，宾将军下令停止前进，开始构筑工事。当获悉进攻经历的波折后，黑格决定放弃48小时的命令时限，继续前进。他巡视了战场，向部下表示祝贺，并不失时机地讲起弗莱斯基埃山脊上德军"独狼炮手"的传说，因为这无疑更会反衬出被击毁的英军坦克数量寥寥无几。11月22日，德军利用这一战斗间隙发起冲锋，一举夺回了丰坦。德军的抵抗愈演愈烈。当英军在11月一个清冷、凄苦的暗夜挖土掘壕时，他们清楚自己的攻势正日渐式微。这时，黑格向宾下了死令，必须在11月23日前拿下布隆和丰坦。

苦战布隆森林

英军的新攻势颇具规模，有400门火炮和92辆坦克，还有派往前线换防疲惫之师的第40班塔姆（Bantam）师。坦克在丰坦遭遇了德军激烈的抵抗，尽管坦克部队情报官埃利奥特·霍特布拉克（Elliot Hotblack）上尉表示反对，他认为撤退会影响步兵士气，但最终还是不得已而为之。德军步兵趁机反击，把坦克变成了人间地狱。他们发现了机关枪手的盲点，往坦克里面狂扔燃烧弹，把英军士兵困在里面活活烧死。

在坦克协同下抵达布隆森林后，这时的英国步兵只能在茂密的森林里孤军奋战。也就是在这里，爆发了最激烈、最可怕的战斗。英军士兵伴随着不绝于耳的枪炮声，从一棵树跑到另一棵树，在布隆森林里伤亡惨重。

当德军士兵最终被赶出森林时，英军开始炮击。这时，布隆和丰坦仍掌控在德军手中，在下午的交战中，双方都付出了惨重代价。夜幕降临，英军援兵陆续驰援布隆森林，而德军的反攻一直持续到深夜。黑格告诉宾，布隆岭必须要攻克，于是守备师也奉命赶来增援逐渐减员的前线部队。

11月24日全天，布隆森林炮声隆隆，德军反击不断。恶劣的天气使英国皇家空军飞行员很难升空抢夺制空权，迎战刚刚到场的"红男爵"曼弗雷德·冯·里希特霍芬（Manfred von Richthofen）指挥的战斗机联队。他们的火力雨点般倾泻到布隆森林里，一整天都在努力把森林里的士兵炸成齑粉。进攻遭到了反扑，11月25日又出现了可怕的联络失误和血腥冲突。在布隆，没有坦克支援的整营英国士兵被机关枪扫射一空，而奉命在德军炮兵视线范围内待命的整个骑兵团也遭到炮击。因为德军整夜都在向疲惫不堪的英军逼近，勃然大怒的黑格下

▲ 1917年12月，英军炮兵抵达康布雷时，士兵们在一旁观望

令在11月27日之前必须拿下布隆和丰坦。11月26日一次计划内的进攻，引起了布雷斯威特（Braithwaite）少将和宾的激烈争论。前者抱怨缺兵少将，而后者必须奉黑格之命行动。结果，进攻还是按计划进行，在付出巨大牺牲后，丰坦被攻克，布隆森林的作战目标也得以实现。然而，在英军被德军反攻击退之前，人们几乎没有时间去留意这些战果。

德军反扑

虽然双方都几近被战斗所拖垮，但在进攻次日、援军陆续抵达后，德军吹响了大反攻的号角。这次反攻计划由巴伐利亚王储鲁普雷希特（Rupprecht）制订，经埃里希·鲁登道夫（Erich Ludendorff）将军修订补充，是自1915年以来针对英国的首次进攻。发动攻击的两天前，德军向森林中发射了瓦斯，11月30日早6时，反攻开始。尽管一些高级将领发出过警告，但英军根本没有准备好应对德军在古佐库尔的进攻。德军蜂拥而至，在英军防线上抓获了大量俘虏。这是德军渗透战术的首个战例，第一批士兵侧翼迂回绕过目标，在英军救援部队到达时将他们切断。

英军意识到大事不妙，于是各条战线士兵都试图重新集结起来坚守阵地。惊慌失措的军官们扔掉手里的剃须刀，开始寻找武器。德军在一些地方突破了英军防线，但在另一些地方也遭遇到了抵抗。这时，英军的联络再次中断。鉴于英军对这种反击根本没有任何预案，这意味着任何反突击和收复失地的尝试都是草率的。正如德军曾负隅顽抗一样，现在轮到了英军在顽强抵抗。在绿街（Les Rues Vertes），上尉罗伯特·吉（Robert Gee）鼓舞人心和坚定不移的防御战术使得他们旅守住了自己的阵地和弹药库。他支

▲ "红男爵"曼弗雷德·冯·里希特霍芬在康布雷空战中发挥了关键作用

起刘易斯机关枪；组织了对德军的轰炸；击毙了两名杀死英军哨兵、渗透到他所在阵地的德国兵；然后两手各握一把手枪，冲向德军机关枪哨位。在寻求战地救治时，他被迫跳进一条运河，游到安全地带。罗伯特的英勇表现为他赢得了维多利亚十字勋章。随着增援部队的到来，警卫旅重新夺回了古佐库尔，而布隆森林里的部队则顽强地坚守着阵地。这场战役后来演变为一系列代价高昂但收效甚微的小冲突。随着战事发展，伤亡人数不断攀升，黑格终于意识到有必要撤退，划出防线准备过冬。12月3日，他下令撤退。12月7日，双方防线稳定下来，各得其所，各有所失。

英军有44207人阵亡、负伤或失踪。而德军的损失更难计算，估计在4.1万至5.33万人之间。这是一场神话频传的战役，同时，人们也汲取了沉痛的教训，即不同兵种之间的沟通和协同不可或缺。援军匮乏、沟通不畅以及不自量力的可怕欲望将导致进攻一败涂地。虽然这可能是"一战"中首次大规模坦克进攻，但这一里程碑式的行动，却令双方都付出了高昂的代价。

20 个大战利器

从 AK-47 突击步枪到阿帕奇武装直升机，上世纪的武器和军事工具改变了现代陆海空战争

杰克·格里菲斯 / 文

20世纪的战争机器有着无穷的创造力，关键时刻总能彰显扭转乾坤之力。正如一场冲突看似会陷入僵局，但当一项新发明适时地在战场上亮相时，战局也会随之发生改变。

第一批机关枪的挺身而出给编队冲锋画上了句号，而潜艇的浮出水面，则将海洋霸权拖进了无底深渊。

最有效的战争机器通常是为了应对看似无法克服的困难而制造出来的。隐形轰炸机的发明是为了抗衡日益高效的雷达系统，而坦克的横空出世则是为了抵御血腥"收割"步兵生命的机关枪火力。

从曾经辉煌的帝国的衰落，到第一次真正的全球冲突，及至新超级大国的崛起，都离不开上个世纪推陈出新的、愈加有效和令人恐惧的军事技术。

这里罗列的只是一些最具毁灭性和革命性的战争机器。它们改变了历史上极其血腥的战场。如果没有这些令人谈之色变、却又无比璀璨的工业奇迹，战争的历史将会大相径庭。

01 B-2 幽灵隐形轰炸机

想象一下，一架飞机能对很远的目标完成精准打击，但是雷达几乎看不见它。这种飞机确实存在，它就是 B-2 隐形战机

自从巨大的轰炸机在"二战"中遮天蔽日以来，世界已经走过了漫漫长路，只差锦上添花了。这些"花"中最先进的轰炸机，无疑是B-2幽灵隐形轰炸机。据称，一架这种飞机所能执行的任务能顶75架常规飞机。这种飞机首批只生产出21架（如果成本允许的话，可能制造132架），旨在隐秘打击防御严密的目标。

它的隐身性能，是在洛克希德·马丁公司于1981年推出的F-117隐身攻击机的基础上升级而来。平滑的结构和设计独特的外形使其具有低可侦测性。此外，该轰炸机还装备有降低红外线、视觉和电磁可见度的系统。由于现代技术的突破，"B-2"携带的武器能够打击地下掩体。在机载计算机的辅助下，它既能消除飞行员的误操作，又能防止飞机失速。在1999年科索沃战争和2001年阿富汗战争中，对兵工厂实施精确打击时，所有这些功用都得到了淋漓尽致的发挥。今天，"B-2"仍然不失为美军的夺命利器。

隐形轰炸机由于其多功能性和优越的武器装备，可使空军规模大幅缩小。它们在冷战后期的存在阻止了全面战争的爆发，因为"B-2"的一次报复性反击便会造成巨大的破坏。时至今日，美国空军仍然对其趋之若鹜，并宣称用630万英镑[①]的款项来对其进行升级和改造。

▲ 1989年，隐形轰炸机实现首飞。B-2隐形轰炸机每次的飞行成本高达86100英镑

① 1英镑约合人民币8.94元。

▲ B-2隐形轰炸机的设计、形状甚至质地都有助于规避侦测，这是以往任何飞行器都无法做到的

技术参数

原产地： 美国
首次投产： 1989年
翼展： 52.4米
最大航程： 9656千米
最高航速： 高亚音速
武器筹载： 核弹头、先进巡航导弹、马克-84型炸弹

关键技术

第二次世界大战期间，军用雷达系统被全面投入使用，标志着人们对隐身技术的需求被列入议事日程。B-2隐形轰炸机能使雷达几乎侦测不到它的存在，因其独特的设计能对信号进行神奇的漫反射，而不是直接反射回信号接收器。此外，深色能吸收大量的光，而表面涂层上的细微铁粒能将雷达能量作为热量散发出去，因此只有极低能量返回无线电发射机。

02 马克Ⅰ型坦克

第一辆实战坦克永远改变了冲突,彻底消除了战壕战的僵局

技术参数

原产地: 英国
首次投产: 1916年
长度: 9.9米
重量: 28吨
最高速度: 5.9千米/小时
武器: 2门57毫米霍奇基斯6磅快速炮和4挺哈齐开斯机枪

虽然这种钢铁怪兽只生产了250辆,而且在泥泞的西部前线参战的就更少,但马克I型坦克标志着新型战争的破晓。鉴于第一次世界大战中战壕对峙的僵局令双方苦不堪言,这辆坦克被设计成装甲撞车,用以摧毁敌军的堡垒。

"雄性"坦克装备有2门57毫米霍奇基斯6磅快速炮和4挺哈齐开斯机枪,而较轻的"雌性"坦克装备有6挺维克斯机关枪,装甲较少。这个庞然大物两侧的枪炮可以歼灭任何挡道的步兵,至少理论上是这样。

在最初的几场战斗中,马克I型经常因过热而抛锚,导致很多都被德军俘获。而且,坦克内的环境令人无法容忍,温度高达50摄氏度,引擎的噪音震耳欲聋。尽管如此,人们还是看到了这款坦克的潜力,因此后续型号对其缺点陆续进行了改进。经过Ⅱ型和Ⅲ型的有限改良之后,马克Ⅳ型坦克的性能有了大幅提升,装甲更厚,发动机更好,从而对西线战事产生了极大影响,毕竟后继型号的坦克只是在战争后期才投入使用。

坦克一跃成为战场上的新"骑兵",马克系列型号的坦克异军突起,在战场上发挥了举足

▼ 随着战争的继续,诸如马克Ⅳ型的改良版坦克得以投产,装甲变得更厚,武器装备更加精良

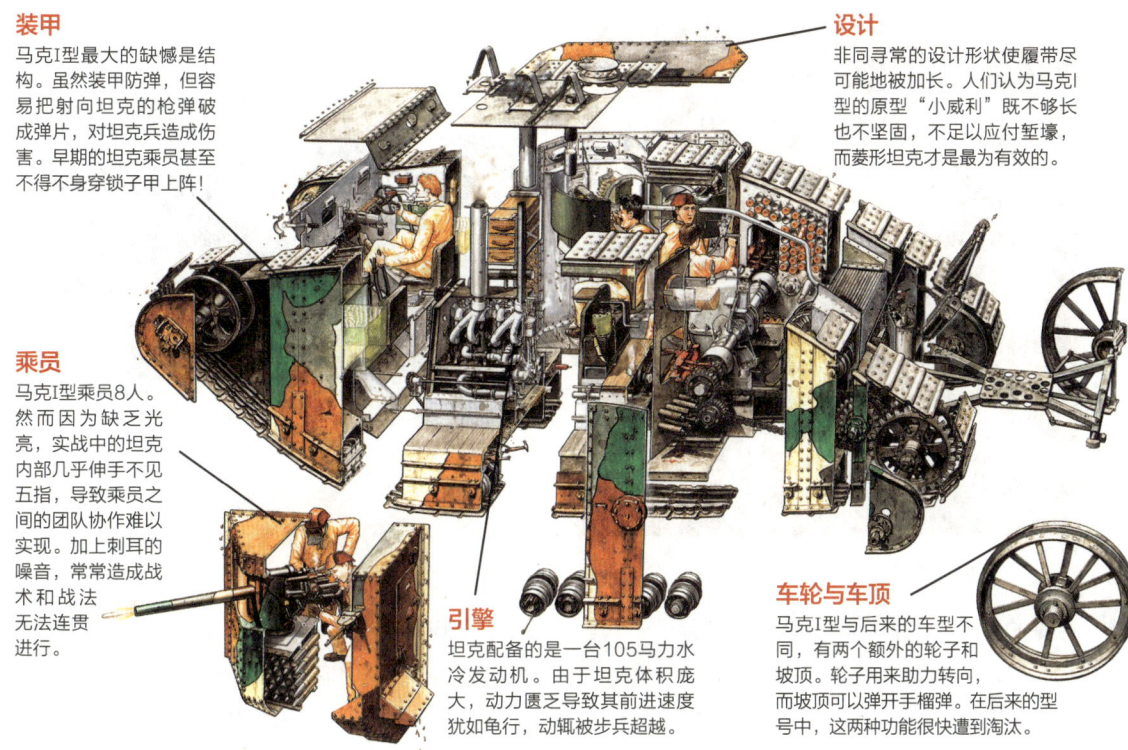

装甲
马克I型最大的缺憾是结构。虽然装甲防弹,但容易把射向坦克的枪弹破成弹片,对坦克兵造成伤害。早期的坦克乘员甚至不得不身穿锁子甲上阵!

设计
非同寻常的设计形状使履带尽可能地被加长。人们认为马克I型的原型"小威利"既不够长也不坚固,不足以应付堑壕,而菱形坦克才是最为有效的。

乘员
马克I型乘员8人。然而因为缺乏光亮,实战中的坦克内部几乎伸手不见五指,导致乘员之间的团队协作难以实现。加上刺耳的噪音,常常造成战术和战法无法连贯进行。

引擎
坦克配备的是一台105马力水冷发动机。由于坦克体积庞大,动力匮乏导致其前进速度犹如龟行,动辄被步兵超越。

车轮与车顶
马克I型与后来的车型不同,有两个额外的轮子和坡顶。轮子用来助力转向,而坡顶可以弹开手榴弹。在后来的型号中,这两种功能很快遭到淘汰。

坦克仍然在世界各地的冲突中扮演着重要的角色。

第一次世界大战的重型坦克:从马克 I 型到马克 X 型

1915年
作为马克I型的首个原型,"小威利"试车。

1916年4月
150辆马克I型坦克奉命在战壕中被投产。

1916年8月
坦克首次亮相,正好赶上索姆河战役。

1917年3月
在原型号基础上进行了改进的第一辆马克II型坦克投入实战。

1917年5月
马克III型纯粹用于训练,而经过极大改进的马克IV型得以开进西线战场。

1919年
最后两个马克型号坦克得以投产。马克IX型是装甲运兵车,而马克X型从未下线。

1918年8月
马克VIII型由美国、英国和法国联合研发,一直被使用到1934年。

1918年4月
马克IV型挑战德国A7V型,这是有史以来第一次坦克之间的对决。

1917年11月
476辆坦克在康布雷参战,越过兴登堡防线长驱直入德国。

1917年7月
与美国共同研发的新的马克VII型问世。马克VI型因在制造过程中相关方意见相左而停产。

> **实战**
>
> **康布雷战役：履带坦克的巨大飞跃**
>
> 到1917年底，让坦克这一钢铁怪兽融入战争的一系列尝试使得坦克的作用不断增强。在索姆河的泥坑里挣扎一番之后，康布雷的干燥平原成了履带坦克的用武之地。
>
> 攻击开始于11月20日上午，476辆坦克向德军阵地推进。这次突袭给英军带来了巨大成功，由于兴登堡防线首次被攻破，德军被迫后退了6千米。仅在开战当天，英军就俘虏了8000名德国战俘，缴获了100门火炮。然而，由于投放的坦克并没有完全削弱抵抗力量，德军的反击抵消了英军相当大一部分战果。尽管如此，坦克的效能最终还是得到了验证。正是从这时起，坦克才成为一种必不可少的战争工具。

▲ 坦克的研发是一条陡峭的学习曲线，因此坦克曾集多种不同功能于一身，如为其加装后轮和额外的顶部防护

轻重的作用。马克IX型是马克系列的最后一个型号，但在"一战"结束后，其设计仍然被沿用。在第三帝国末日的柏林会战中，也出现了两辆。

虽然最初这种坦克性能并不可靠，但它们却是现代战争的先驱。在1943年库尔斯克战役中，超过6000辆坦克奔赴战场，一决雌雄。如果没有坦克，纳粹的闪电战就会是一句空话。在"二战"后的岁月里，坦克仍然在世界各地的冲突中扮演着重要的角色。马克I型是当之无愧的坦克鼻祖。

03 贝尔 UH-1 直升机

▲ 通过连续、快速运送部队进出战场，贝尔UH-1直升机彻底改变了战争

在越南战争期间，绰号"休伊"的、大行其道的伊洛魁直升机是美军部署兵力的法宝。这种小型直升机，由以前从未在直升机上安装过的涡轮喷气发动机驱动。美国禁毒署（DEA）曾订制了1.6万架，目前仍在使用。这种多用途直升机最多能运送14名士兵，可装备M-240通用机枪和勃朗宁重机枪。

04 虎式 II 型坦克

作为整个第二次世界大战中最致命的武器之一，虎式II型坦克如果不是因为其固有的生产缺陷，早就会成为战场上的主宰。这头令盟军望而却步的装甲猛兽，因其厚重的装甲和致命的88毫米炮塔火炮，而罩上了不可战胜的光环。战后，20世纪坦克的研发借鉴了德国虎式II型技术及原型车。

▼ 为挽救战争颓势，德国虎式II型坦克匆忙上阵，其后却饱受制造瑕疵的困扰

05 C-130 大力神运输机

自1955年首飞以来，还没有哪一架军用飞机能像"大力神"那样安全可靠、适应性强。C-130目前至少在16个国家作业，有效载荷2万余千克。作业航程超过3800千米，完美扮演了长途货运飞机的角色，即便业已服役60载，其地位仍然无法取代。

▲ C-130可被用于执行各种任务，从货物空投到人道主义救援，再到军队部署，不一而足

06 M1艾布拉姆斯中型主战坦克

自1979年以来,作为一名在全球各地作战过的"老兵",这种坦克推动装甲地面战争进入了现代

▲ M1艾布拉姆斯全身披挂坚固的盔甲,能抵御大多数火炮和导弹的攻击

在美国和德国多次尝试制造能与苏联T-72主战坦克匹敌的坦克失败后,1979年,美国决定单枪匹马研发,结果M1艾布拉姆斯主战坦克面世。它在坦克战所需的"三个力",即火力、防护力和机动力方面都表现出色,在第二次世界大战以来最大规模的坦克战、赎罪日战争爆发6年后投产。作为一种全天候坦克,"M1艾布拉姆斯"仍然为美军发挥着重要作用,具有与其他装甲车正面交锋的能力,同时还能提供步兵支援和移动火力。

它曾在海湾战争、阿富汗战争和2003年美军入侵伊拉克期间服役。在所有这些冲突中,M1艾布拉姆斯主战坦克超远的射程和卓越的夜视,以及热视能力都比对手略胜一筹。

在整个海湾战争后,只有9辆坦克无法修复。而这种坦克对沙漠风暴行动(ODS)的成功功不可没。全世界生产近9000辆,首次投产35年后仍未下线。许多人称其是美国超越苏联的第一辆坦克。由于M1艾布拉姆斯主战坦克的成功,人们以最初设计为基础做出了许多改型。M1A2型坦克无疑是当今世界最先进的坦克之一。

技术参数

原产地： 美国
首次投产： 1979年
长度： 9.83米
重量： 6.3万千克
最高时速： 67千米/小时
武器： 120毫米主炮、12.7毫米勃朗宁M1HB防空重机枪、2挺7.62毫米M240轻机枪、2具6管烟雾弹发射器

关键技术

由一个坚韧的双辊均质钢板和乔伯姆层压板组成的坚固外壳，使坦克及其乘员能够得到很好的保护。热弹和穿甲弹都不能穿透坦克的内层，这一结构能增强坦克的防御能力。而其更好、更引人注意的特点是具有一套专门用来防范生化攻击的空气净化系统。

▲ 在M1A1和M1A2型坦克上，艾布拉姆斯105毫米主炮已经升级为120毫米

07 AK-47 突击步枪

轻机枪般的火力，步枪般的精准

▲ AK-47带有独特的标志性弧形弹匣，总产量估计已达1亿支

关键技术

作为现象级武器，AK-47提升了陆战标准。在StG-44迈出第一步之后，突击步枪发展的下一个阶段，是改进选择性射击模式，使其能够在从巷战到攻坚战的各种冲突中发挥作用。作为具备多种优越效能的常备武器，AK-47的重量只有4千克，不用一分钟便可将其拆解、清洁完毕，这对于瞬息万变的紧张战场局势来说异常宝贵。

StG-44是德国在"二战"收尾时生产的突击步枪。鉴于它的先进程度，假如早一点面世的话，可能会对第三帝国的命运产生巨大影响。StG-44兼具轻机枪和步枪的最优特性，是一款杀伤力极强的简洁武器。盟军能与之媲美的武器，便是1947年出产的AK-47突击步枪。

由发明家、工程师米哈伊尔·卡拉什尼科夫（Mikhail Kalashnikov）在苏联发明的这种武器，能够快速发射中等威力的火力，使其在同类武器竞争中脱颖而出，并为后来美国M16和法国FAMAS等突击步枪的热潮席卷全球铺平了道路。

直到20世纪70年代中期，由AK-47进一步发展出了AK-74，它才在俄罗斯军队中逐渐失宠。据称在越南战争期间，美国大兵们甚至不惜从越军中窃取AK-47，因为在当时，AK-47的性能依然优于美军同类武器。目前，由于成本低、性能好，AK-74已然成为世界各地激进组织的首选武器。AK型步枪的产量超过了其他突击步枪的总和。它在今天的战争中依旧扮演着重要角色。

技术参数

原籍国：苏联
首次投产：1947年
长度：88厘米
制动：气动回转式枪机
射程：400米
弹药：7.62x39毫米子弹

08 黑鸟侦察机

最初，美英联合秘密研制而出的洛克希德 SR-71黑鸟侦察机是一个技术奇迹。它是有史以来最快的飞机，时速可达令人叹为观止的2530千米，也是有史以来飞得最高的军用飞机之一。这架飞机速度如此之快，甚至突破了音障和热障，需要特殊燃料和钛结构才能飞行。

1960年U2事件后，美国需要一种飞得更快、更高的侦察机，以令苏联无法跟踪。"黑鸟"设计者们称这是他们承担的最难完成的任务，因为这架飞机与以往任何飞机相比，都是如此的不同和先进。黑鸟侦察机总产量32架，作为侦察机服役30余年。这些侦察任务中绝大多数的细节仍然属于机密。

▲ 鉴于"黑鸟"的高度和速度，飞行员不得不穿上类似宇航服的飞行服，以防不测

09 恩尼格玛密码机

作为当年高度精密的设备，恩尼格玛密码机是开启纳粹国防军众多秘密的钥匙。第三帝国利用这种机电转子密码机，来传输和接收秘密信息和战术，而无被破译之虞。

盟军掌握了数百万密码组合，但直到1940年，才在波兰专家的帮助下，在位于英国布莱切利公园的政府代码及加密学校破译了恩格尼码。破译它的是图灵炸弹破译机，后者每分钟可以尝试数百个潜在密码，直到正确的结果水落石出。

据推测，破解纳粹密码使"二战"缩短了两年，足见图灵炸弹破译机的高效和重要性。

▲ 鉴于恩尼格玛密码机非常有效，英国特工不得不淡化他们的成功，以免轴心国获悉他们的发现

10 AH-64 阿帕奇武装直升机

这种武装直升机是坦克最大的克星。
它可以在几秒钟内消灭大量重装步兵战车

技术参数

原产地： 美国
首次投产： 1983年
长度： 17.73米
重量： 7270千克
最高时速： 149节（273千米）
武器： 地狱火激光制导导弹、M230链炮、九头蛇火箭

实战

地狱火导弹在波斯湾

在1991年海湾战争中，武装直升机与F-117夜鹰隐形战斗机协同作战，对萨达姆·侯赛因的部队予以打击。伊拉克军队购买了许多坦克，装备相对完善，但面对装备有能穿透重型装甲的导弹和机关枪的武装直升机，他们根本没有取胜的机会。

在与数百辆伊拉克坦克交锋中，武装直升机发挥神勇，只有一架被击落。随着伊拉克入侵科威特行动突然完结，萨达姆的部队在100小时内便从科威特撤走。进入新的千年，阿帕奇武装直升机仍然在美军中扮演着关键的角色，作为后援的它，在科索沃和阿富汗战争中表现卓越。以色列军队中也有这种飞机服役。

▲ AH-64阿帕奇能够悬停、埋伏，然后发射"地狱火"和"九头蛇"，一举清除目标

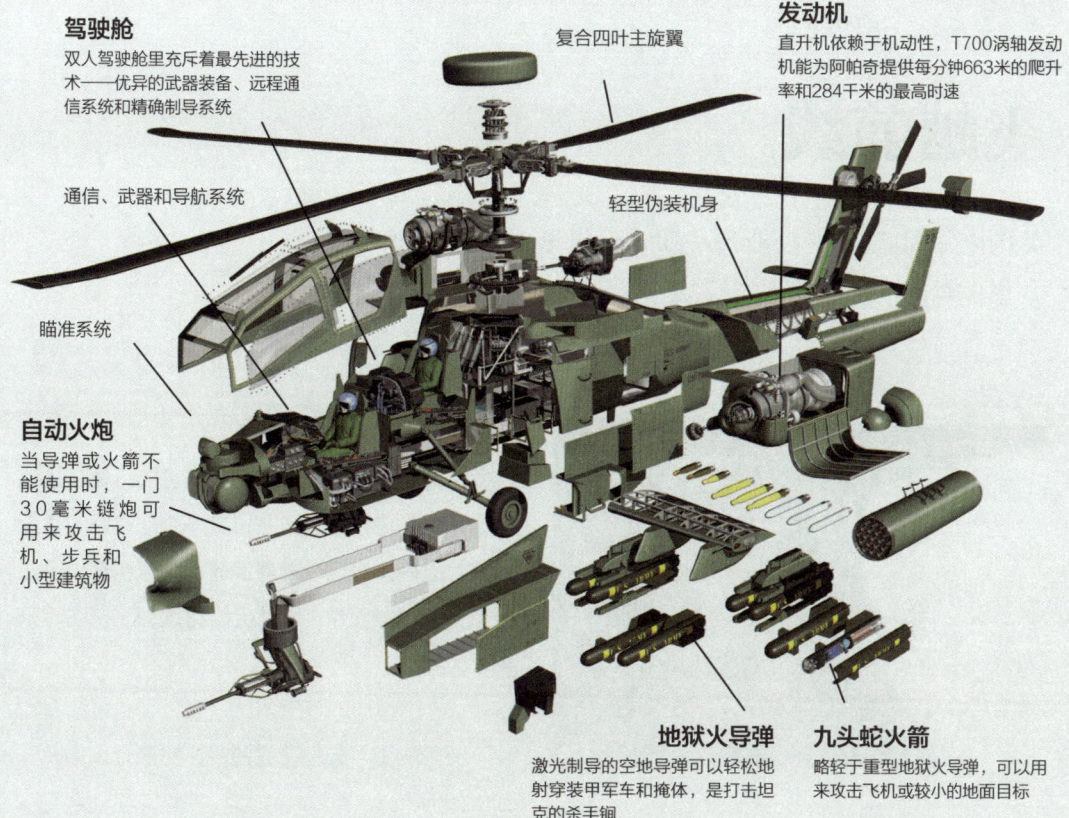

驾驶舱 双人驾驶舱里充斥着最先进的技术——优异的武器装备、远程通信系统和精确制导系统

通信、武器和导航系统

瞄准系统

自动火炮 当导弹或火箭不能使用时，一门30毫米链炮可用来攻击飞机、步兵和小型建筑物

复合四叶主旋翼

轻型伪装机身

发动机 直升机依赖于机动性，T700涡轴发动机能为阿帕奇提供每分钟663米的爬升率和284千米的最高时速

地狱火导弹 激光制导的空地导弹可以轻松地射穿装甲军车和掩体，是打击坦克的杀手锏

九头蛇火箭 略轻于重型地狱火导弹，可以用来攻击飞机或较小的地面目标

    自20世纪末问世以来，先进的武装直升机一直是陆军和海军的噩梦，其中最著名的便是"AH-64阿帕奇"。

    在武装直升机出现之前，步兵可以在陆地上有序推进，轰炸机的间或空袭是他们唯一的空中关切。后来，随着装备链炮的直升机开始在空中游弋，战术和策略也随之发生了巨大的变化。"AH-64"几乎无所不能，从摧毁防御工事到迟滞、袭扰部队的行动都能胜任。而且在目标捕获指示瞄准具（TADS）和飞行员夜视传感器（PNVS）的帮助下，"AH-64"的危险性在夜间更大。

    "AH-64阿帕奇"的M230链炮可以低空扫射并歼灭步兵，而地狱火导弹可以摧毁装甲车辆、舰船和建筑。如果"AH-64阿帕奇"受到空中威胁，其九头蛇火箭足以对付大多数空中对手。该直升机自面世以来，美国陆军已经订购了800多架，也有部分进入以色列和埃及空军服役。这种先进的武装直升机的战斗力在沙漠风暴行动中达到鼎盛，摧毁了500辆伊拉克坦克及其他装甲车辆。

    "AH-64阿帕奇"在受到威胁时反应速度奇快，部署速度也比陆基车辆快得多。此外，与喷气式战斗机相比，武装直升机所需要的空间和条件要少得多。"AH-64阿帕奇"可以在各种恶劣条件下执行任务。

    自然，人们会绞尽脑汁来对付这种武装直升机，以至于后来与"AH-64阿帕奇"过招的武装分子都会携带火箭推进榴弹（RPG）。

飞越前线

英国陆军航空兵少校亚历克斯·哈里斯（Alex Harris）分享他驾驶"阿帕奇"的经历

成为"阿帕奇"飞行员需要接受多长时间的训练？一开始觉得很难吗？

首先必须得修完陆军飞行员的课程，分单元的，大约需要两年的时间。一旦获得陆军飞行员资格，你就有可能被选到"阿帕奇"上进行训练。训练的第一步叫转变类型（CTT），教你如何驾驶"阿帕奇"，时间约半年。如果一切顺利，就将进入下一个阶段，即转换角色（CTR），教你如何在各种情况下操控"阿帕奇"，时间也是半年。

培训结束的时候，要到亚利桑那州对"阿帕奇"装备的所有武器进行实弹演习，然后你就是一名合格的"阿帕奇"飞行员了。即使在所有这些结束之后，你仍然要不断地学习，上不同的课程，其中包括学习从皇家海军舰艇上起降，或者客串武器教官。一开始飞起来很难，毕竟实战机比训练机大得多，也更复杂。

不过，这些培训都是循序渐进的，要从基础开始，稳扎稳打。这架飞机有一个非常好的稳定系统，以确保稳定地发射武器，所以当你一旦熟练掌握了这些操作，你就会觉得这种飞机飞起来简直太棒了。

"阿帕奇"在你飞过的战区扮演什么角色？效果如何？

它的主要作用是在地面部队与塔利班交战被压制时，用精准武器实施火力支援。通过无线电与地面部队沟通，"阿帕奇"能够识别敌人，从人口稠密的建筑密集区域中将敌人筛选出来，并予以打击。

我们还为运载医疗应急队（MERT）的支奴干直升机护航。这种急救直升机经常要冒着枪林弹雨从战场上救护重伤员。它们是塔利班袭击的一个主要目标。我们的任务就是先发制人，置敌于死地。

实施进攻时，"阿帕奇"是编队飞行还是单飞？

虽然"阿帕奇"可以独立作战，但通常说来我们会结对执行任务，就是所谓的编组飞行。实战中，一架主攻，另一架警戒。也就是说，当一架锁定目标时，另一架要在更大的范围内搜寻更多的纵深目标。如果有必要，警戒机也会尾随主攻机，让自己处于预备攻击状态。假如是中队一起作战，你就可能在交战区域看到两个或更多编组飞行的直升机，对目标实施打击。

你和副驾驶之间怎么配合？

当位于前座的副驾驶兼射手低头寻找敌人时，正驾驶需要负责飞机的安全。他要监控机上系统，确保一切正常。但更重要的是，他要监视任何企图抵近击落他们的敌机。有了头盔显示器，飞行员只需按两下按钮就可以发射30毫米链炮。显示器处在头部位置，无论看向哪里，你所要做的就是扣动扳机，打击目标。

你有没有过紧急迫降的经历？

有一天，在高度戒备级别的阿富汗，我们接到了一个电话，要去支援被敌人火力压制的地面部队。可是起飞后不久，机上两台发动机中的一台出现了严重故障，所以我们不得不将它关闭。由于机载武器的重量，以及高温、高原条件下的低空飞行，我们无法保持水平飞行，因此开始朝沙漠地面下降。我们认为在飞机坠毁之前大概可以回到堡垒营，于是小心翼翼地把飞机开回"阿帕奇"着陆跑道，降落并停稳。我们一下子从飞机上跳下来，赶忙把装备搬到旁边的飞机上，不到5分钟就准备好了再次出勤，最终到达了战斗地点，立即用地狱火导弹和30毫米链炮进行火力支援。

你最难忘的飞行是哪一次？

可能是我第一次在实战中开火。当时，我们正在一座城市的中心区域作战，一些手持重型武器、身穿自杀式背心的敌人占领了一家酒店的两层顶楼，他们在那儿能俯瞰我们友军的营地。他们向营地射击，造成了友军伤亡。没多久我们就赶到了。我记得当时自己在想，这里建筑这么密集，可不能出错，不然后果不堪设想。然而，平素的训练很快发挥了作用。我们的编组成功击溃了敌人。后来，我还记得那家酒店被炸出了几个大洞，回到基地时我还做了一番解释。

11 无畏号战列舰

第一艘无畏舰的诞生彻底改变了两次世界大战之前的战争

如果说哪种战争机器能表明英德之间军备竞赛的激烈程度，则非无畏级战列舰莫属。第一艘"无畏号"于1906年完工，随即令之前的战舰相形见绌。在蒸汽涡轮机助力下，它可以乘风破浪高速行驶，同时将史上最重型的舰炮全部对准敌舰。这是第一艘装备全重型"大炮"的战列舰，射程远达22.8千米。这些火炮由全新的电子发射装置控制，可进行极其精确的瞄准。

"无畏号"甚至首次将舰长和军官指挥塔安置在舰首舰桥附近，这与帆船时代大船上的旧布局截然不同。由于拥有如此先进的武器和技术，这种设计变得非常流行，到1914年，英国皇家海军已建造了19艘，德国海军也有13艘在舰队服役。由于"无畏号"影响如此之大，以至于不到1年之后超级无畏舰便脱颖而出。无畏级战列舰彻底改变了海上战争，新型号层出不穷，直到冷战高潮来临，核潜艇再度开始让海战发生了革命性的变化。

▲ 在两次世界大战之前，第一艘无畏号战列舰的诞生对海战产生了革命性影响

关键技术

如果没有蒸汽涡轮机，无畏级战列舰的地位就不会如此显赫。这项创新技术是英国1884年的发明，但被用在军舰上尚属首次。该系统取代了老式战舰上被广泛使用的三胀往复式蒸汽机，使"无畏号"成为世界上速度最快的战列舰。有了新动力设备的武装，"无畏号"的续航能力可达12260千米。

技术参数

原产地：英国
首次投产：1906年
长度：160米
重量：18400吨
最高时速：21节（39千米）
武器：10门305毫米主炮、24门76毫米火炮、5个鱼雷发射管

技术参数

原产地：美国
首次生产：1959年
长度：182厘米
动力：液压弹带供弹系统
射速：每分钟6000发子弹
子弹：20×102毫米

▲ 这种迷你机关炮使具有M61火神式机关炮威力的武器能够在舰船、炮塔和装甲战车上使用

12 M61 火神式机关炮

作为现代加特林机关枪，M61火神式机关炮展示了当代手控武器的真正威力

　　作为战争武器中的巨无霸，M61火神式机关炮最初被设计用作高射炮。6管轮动发射使其比持续使用后会过热的单管机关枪，具有更高的射速和可靠性。

　　原本人们使用弹带来上子弹，但在出现卡壳问题后，弹带被一个脱链供弹系统所取代。这种机关炮由飞机提供液压和电动动力，可以发射燃烧弹和穿甲弹。它的发明，为战斗机提供了在近程使用导弹以外的选项，且其射速快于所有机关枪。"M61"在地面上也被用作装备在装甲车上的防空系统，其改进型M134迷你机关炮则被用在直升机上，反击来自地面的火箭推进榴弹的攻击。

　　"M134"因可以置于炮位之上，令此类武器使用起来更加有效。这种初版武器的紧凑型更加便携，但射速有所下降。尽管单兵无法携带并操作M61火神式机关炮（这通常是一个无法企及的神话），但它却使所有类型的军用飞机都更能抵御地面火力，以更加有效地救援地面部队。"M61"的高射速，意味着即使在喷气速度下也能准确命中目标。

关键技术

　　过热一直是困扰高射速机关炮的问题，但M61火神式机关炮成功弥补了这一缺憾。通过使用6个独立枪管，每分钟每个枪管平均可发射1000发子弹，合计能发射6000发子弹，系统也不会过热或出现故障。这对军用飞机来讲非常有帮助，因为飞行途中无法排除故障。

13 B-52 同温层堡垒轰炸机

这种巨型轰炸机是有史以来最大、最有威力的飞机之一。它由8台发动机驱动,设计初衷是在美国与苏联关系交恶时,向铁幕后面投放原子弹。值得庆幸的是,它从来没有机会用上百万吨级的核弹头,因此,只能携带常规弹药执行轰炸任务。

B-52同温层堡垒轰炸机是一种多用途飞机,最多可携带27216千克炸弹,从核导弹到精确制导巡航导弹,不一而足。"B-52"在越南战争和海湾战争期间作用凸显,其后续系列型号在伊拉克和巴尔干半岛经常参与实战。正因为这种飞机体积巨大,它也被用作航空火箭发射的载体。B-52同温层堡垒轰炸机的成功,使其成为美军历史上服役时间最长的轰炸机,它服役到了21世纪50年代。

▼ "B-52"是一种特殊的空中发射器。图中的"B-52"搭载(内嵌)着两架洛克希德D-21无人侦察机

▲ 悍马军用越野车在海湾战争中得到了广泛应用，它从那时起便成为美军不可或缺的一部分

14 悍马军用越野车

越南战争后，老化的美军M151吉普车亟待升级改造。20世纪80年代初终于尘埃落定，高机动性多用途轮式车辆——悍马军用越野车应运而生。

按照步兵支援车设计的悍马，具有强大的多平台能力，甚至可以通过空投参战。该车重量轻化，四轮驱动，适应性强，可执行多种作战和侦察任务，有效满足了介于侦察和作战之间的功能需求。

悍马可以携带各种装备，从机关枪到导弹发射器均可，因此也可以用作武器弹药库。自问世以来，最初的设计历经多次改进，目前已成为美军的主打装备。

▶ 1955年1月17日,"鹦鹉螺号"首航,艇上第一次发回了"正在利用核动力潜航"(underway on nuclear power)这句话

15 鹦鹉螺号核潜艇

两次世界大战后,核动力纷纷进入海军推进系统,为武器提供额外的动力、陡升的速度和超远的射程。1955年建成的第一艘核潜艇"鹦鹉螺号"首开应用核动力这种新能源的先河。

有了核动力反应堆,这种潜艇理论上可以在水下无限期活动。这一功能在冷战期间变得不可或缺。1958年,苏联的第一艘核潜艇"K-3"曾紧紧跟踪"鹦鹉螺号",但眼睁睁看着对手不断打破水下航速和航程纪录,也只能望洋兴叹。

随着核时代的开始,冷战后期的美苏潜艇都在密切监视着对方。时至今日,"鹦鹉螺号"的影响仍然可以在英国三叉戟核武系统和深海游弋的潜艇军团中反映出来。

16 野牛级军用气垫登陆艇

世界上最大级军用气垫船是野牛级。1988年问世后,它成为战争的重要组成部分。野牛级气垫登陆艇的作用与运送地面部队的运输直升机相同,可以在发动海岸攻击时将部队、坦克和装甲车直接送至海岸线。

▲ 目前,有9艘这类军用气垫船在俄罗斯、乌克兰和希腊海军服役

野牛级军用气垫登陆艇可以把部队、坦克和装甲车直接送至海岸线。

17 米格-15战斗机

1950年,米格-15战斗机从铁幕后横空出世,震惊了西方世界。在朝鲜战争中,首次大规模投入空战。其间,它在与美军战机的交锋中出尽了风头,单枪匹马地逼迫美国F-86A佩刀战斗机匆忙下线。5年内有8000架米格-15出厂,为之后的喷气式战斗机研发奠定了基础。

◀ 米格-15战斗机虽然是苏联的工业奇迹,但装备的却是英国劳斯莱斯发动机

18 维克斯 MK1 机枪

这种在 20 世纪早期发展起来的机关枪,彻底改变了作战方式和军训方式

"维克斯MK1"可能算不上是第一挺机关枪,但它对20世纪初战争的迅速变化起到了举足轻重的作用。虽说加特林和马克沁机关枪都早于"维克斯",然而1912年被定型生产的"维克斯"却成为当时最可靠、最通用的机关枪。

通过在枪管周围使用水冷护套,"维克斯"能够比以往任何机关枪更精准、更快速地完成发射。"子弹墙"意味着步兵编队的终结,加速了堑壕战和无人区的出现。大规模集结步兵有生力量的血战一去不返。

"维克斯"重20千克,可以置于隐蔽处,扫射毫无防备之敌。它庞大的体量要求必须静态射击才能最有杀伤力,不过在节奏缓慢的战斗中,这不是什么问题。

然而,"维克斯"不单纯是一挺机枪。它还包含冷凝罐和软管、木制照门、弹药箱和帆布枪衣。所有这些需要由6人组成的机枪组操作。如果没有冷水供应(750发子弹打完后便会蒸发掉一套筒水),枪管很快便会过热,因此,气动机关枪迅速成为首选。

在战场上,"维克斯"的对手是德国MG08式重机枪和法国霍奇基斯重机枪。由于"维克斯"非常受欢迎,英国陆军每周制造12挺。到1918年,已经有39473挺被投入使用。维克斯公司甚至不得不将价格降至每挺80英镑,以便政府能资助这种巨大的需求。事实上,这种枪比人们最初想象的功能还要多,配上射击断续器后安装到英国皇家空军的战机上,便可与德国空军进

▲ 1915年,英国组建了一支专门的机枪部队,使这种武器在英军中的地位更加显赫

实战
索姆河战役中的机关枪大屠杀

1916年的索姆河战役是人类历史上最血腥的战役之一，共有100多万人遭到屠戮。这在一定程度上，是由于缺乏对付新一代武器机关枪的战术所致。双方都不了解机关枪的威力究竟有多大，当蹚过泥潭、直面子弹扫射形成的"铜墙铁壁"时，他们都成了活靶子。据称，在12小时内，仅维克斯机关枪就发射了100多万发子弹。机关枪原本用作防御战的支援武器，但索姆河战役却显示了机关枪极具毁灭性的进攻能力。随着堑壕战对峙僵局的打破，研发轻量化、紧凑型机关枪已势在必行，从而催生出了轻机枪和后来的突击步枪。

技术参数

原产地：英国
首次投产：1912年
长度：58厘米
口径：0.303英寸
射速：450—550发/分钟
射程：4100米

行夺命空战。不过，随着第一次世界大战向纵深发展，维克斯机枪逐渐被号称提高了可靠性和准确性的刘易斯机关枪所淘汰。然而，"维克斯"确曾卷土重来，其气动改进型一直被用到第二次世界大战。事实上，直到20世纪60年代末，英军才认为这种武器完全过时。维克斯MK1机枪是后来诸如MG32和布朗宁等机枪的重要模板，也是马克沁机枪的第一个成功改版。从此以后，战争便不可同日而语。

射击装置
在射击精度开始下降之前，"维克斯"可发射约18000发子弹。机枪组备有备用枪管，还有保持枪身稳定的三脚架。

冷却系统
许多第一代弹带供弹式机关枪都是水冷的。"维克斯"枪管上有一圈水冷护套，使其能在不过热的情况下坚持较长时间的射击。

其他用途
除了消灭步兵有生力量，"维克斯"还能竖起枪管，用作临时火炮。此外，还可在枪上安装一个膛口罩，以提高射速。

机关枪遗产

维克斯机枪的对手以及受其影响的枪支

MG08式重机枪

在第一次世界大战中,德军MG08式机关枪与稍微老旧一点的英国马克沁机关枪非常相似。在鼎盛时期,MG08式重机枪的月产量可达1.4万多挺。1918年升级为气冷型。

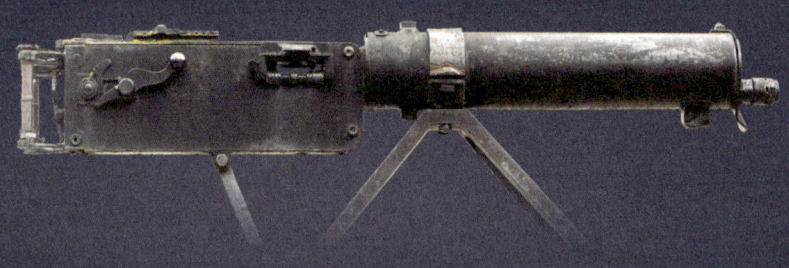

霍奇基斯重机枪

作为第一次世界大战中最笨重的机关枪,法国霍奇基斯重机枪的命中率低于MG08和维克斯机枪。随着战争的进行,法军转而使用绍沙轻机枪,因为较为灵活的武器更受欢迎。

刘易斯机关枪

英军在"一战"中使用的刘易斯枪配备的是圆形弹鼓，而非弹带。德国人将这种高效武器称为"比利时响尾蛇"，与"维克斯"混用。此后，刘易斯机关枪开始逐步替代"维克斯"，因为人们发现，1挺"维克斯"的生产时间可以制造6挺刘易斯机关枪。

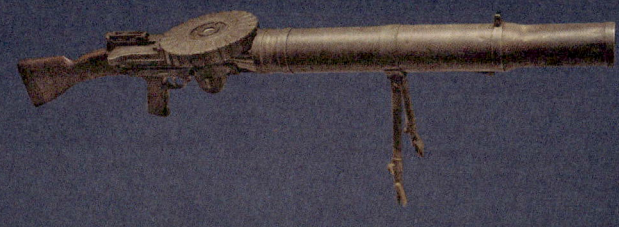

MG34通用机枪

"MG34"是后维克斯机枪时代最通用的枪械之一。德国国防军研制的"MG34"可以用在双脚架、三脚架上，甚至可以不用托架。有效、强大的"MG34"后来被人们认为有史以来最好的机关枪"MG42"所取代。

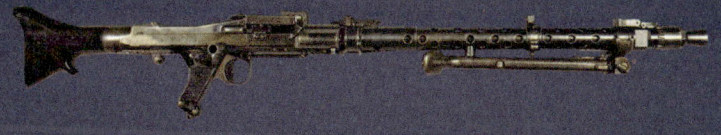

M1917式勃朗宁重机枪

"M1917"或许是那个时代服役时间最长的机关枪，从第一次世界大战开始一直被使用到越南战争。该枪由美国设计，进而成为这个军事强国的一个标志。在"勃朗宁"问世之前，美国的机关枪与欧洲的同类产品相比非常过时。

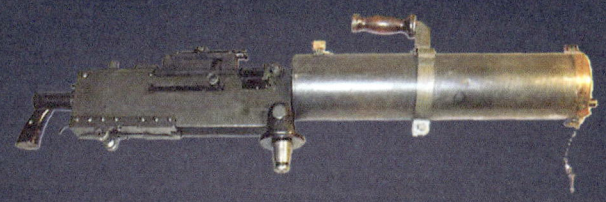

▲ 火焰喷射器是一种性能不稳定的战争武器，但没有多少战争武器能像它那样令人畏惧

19 火焰喷射器

20世纪的到来，标志着现代火焰喷射器这种破坏力极大的新型战争武器的诞生。作为恐怖堑壕战的终结者之一，火焰喷射器首次在西线战场上被投入实战，当时交战双方都试图血洗对方的战壕。

最初的火焰喷射器由两人操作，射程40米，不过，因为油量只够喷射40秒的时间，所以使用受到了限制。

后来在第二次世界大战中，火焰喷射器作为一种高效震慑武器被安装到坦克上。装甲防护为火焰喷射器长时间重新加油提供了保障，而且坦克还可以储存足够的油料。由于性能不稳定，目前火焰喷射器已逐渐丧失军事用途，但它仍然很容易被激进组织所利用。这种令人震骇的武器促进了凝固汽油弹和温压弹等其他燃烧性武器的使用。

20 企业号航母（CVN 65）

1962年，一艘新的超级航空母舰问世，这是有史以来建造的第一艘核动力航母。美国企业号航母由近10万吨金属制成，可搭载60多架飞机，标志着海上空军基地新时代的到来。

企业号航母由8个反应堆提供动力，在1962年古巴导弹危机后，几乎被立即投入使用，参与了美国对古巴的封锁。1965年，它成为第一艘参与实战的核动力舰只，因为它参加越南战争，为前线部队提供了支持。目前，绰号"大E"的企业号航母仍然是世界上服役时间最长的海军舰艇，它开启了超级航母的全新时代。此后主要的航母还有尼米兹级全系列航母和福特级美国领军航母。

▼ 企业号航母是一个功能齐全的海上作战基地，有1.8万平方米的飞行甲板和1.4万平方米的机库

图片所属

35	Getty
39	Roberto Venturini
41	Map: Rocio Espin
41	Sol 90 Images; Mary Evans; Osprey Publishing
47	Collingwood Historic Art
57	Sol 90 Images; Mary Evans; Osprey Publishing
85	Ed Crooks
88–91	Images: Alamy; Getty; Thinkstock
99	Map: Rocio Espin
101–102	Images: Alamy, Rocio Espin, FreeVectorMaps.com, Getty, TopFoto
121	© Jose Cabrera
122	© Jose Cabrera
126	© Jose Cabrera
129	© Rocio Espin
127, 131	Images: Alamy, Jose Cabrera, Corbis, Mary Evans
135	© Edward Crooks, Alamy
139	© INTERFOTO / Alamy
165–167	Corbis; Alamy; Ed Crooks; Thinkstock
193–195	Alamy, DK Images; Corbisv